雇用改革のファンファーレ

「働き方改革」、その先へ

●著者●
倉重公太朗

Contents

対談編

序章　日本型雇用の「終わりのはじまり」

雇用不安が襲う日本
これからどう働く、生きるか

日本の雇用システムは、「日本型雇用」と呼ばれています。

日本型雇用とはなんでしょうか。

よく言われるのが、終身雇用、年功序列、企業内労働組合が特徴だ、という点です。そのほか、新卒採用、長時間労働、全国転勤、職種無限定などといった働き方が挙げられることがあります。

しかし、現代ではその日本型雇用が揺らいでいます。

「終身雇用は難しい」という経団連会長の発言などもあるように、「失われた20年」「30年」ともいわれる経済低迷を経て、日本経済の行く末は不透明感が強く、10年後、20年後に自分の会社がどうなっているかを想像できる人は少ないでしょう。その中で、希望を持って働けている人はどれほどいるでしょうか。

終身雇用が事実上崩壊しつつあり、年功序列型の賃金制度にも無理が生じています。多くの企業ではリストラが常態化し、希望退職募集や部門閉鎖などがありますが、一方で、今の正社員雇用に「しがみつく」人も多いでしょう。

今の日本型雇用で最も問題なのは**一度「正社員ルート」を外れると人生ハードモードになってしまう**ことです。

終身雇用が一般的であった頃の名残は、転職するということがまだまだ容易ではない社会であるという負の影響を今なお色濃く残しています。

新卒採用の時は、希望する企業かどうかは別として、どこかの企業に正社員として雇われることはさほど難しくないでしょう。しかし、結婚・育児・介護・留学・学びなおしなどをしようとして一度正社員ルートを外れてしまうと、再びここに復帰するのは至難の業というのが現状です。

筆者は、2000年代前半に大学を卒業したいわゆる「就職氷河期世代」でした。大卒の内定率は史上最も低く、それなりの大学を卒業していても正社員になれなかった人も周りにいました。新卒キャリアをフリーターや派遣社員でスタートさせてしまうと、その後なかなか正社員ルートに乗るのは大変です。

では、昭和の時代やバブル期の時代に比べて、氷河期世代の学生が能力的に劣っていたかというとそうではないでしょう。むしろ、勉強する人が多い世代だとよく言われます。

つまり、**人生がハードモードになる**原因は個人の能力ではなく、大学を卒業する時の景気・企業環境という、自分の能力・資質・努力ではどうにもならない事情により左右されることにあります。労働力人口の減少により、今は学生の売り手市場などと言われますが、今後はどうなるか分かりません。

なぜそうなるか、**主な原因は、雇用の流動性が低いということ**です。雇用の流動性が低い、とは、雇用が固定化している、つまり、正社員の座に「しがみつく」人が多いということです。なぜそのような世の中になってしまったのか。そこには何か矛盾がないでしょうか。

筆者がタイの労働省へ意見交換に訪れた際、タイの労働官僚からこう質問されました。

「日本ではKａｒｏｓｈｉ（過労死）が多いらしいですね。でも、どうして健康を害する前に仕事を辞めないんですか？」

これは、日本は雇用の流動性が低く、転職が容易ではないからこそ、過重労働を強いられる環境下でも「会社を辞める」という**選択肢が見出せない**ということを端的に示すエピソードです。外国のエリート官僚ですら不思議に思う訳ですから、何かしらの**構造的な原因がある**のでしょう。それを解きほぐすのが本書の目的の一つです。

また、賃金制度についても、年功序列の名の下に、一度身についた能力は下がらないというフィクションに基づく「能力」評価制度が行われ、裁判所もこれを前提に判断するケースが数多く見られます。

本当に、年齢を重ねることで能力は下がることがないのでしょうか？

年を経ることにより陳腐化はしないのでしょうか？

しかし、**労働法は昭和の時代のルールでありそれがそのまま止まっています**。これから時代が大きく変わる中で、雇用をめぐるルールは前時代のままなのです。無理矢理これを現代社会に当てはめているからこそ、非正規雇用問題、下請問題、長時間労働問題、など様々な問題が起こっており、社会全体の閉塞感を生んでいます。

さらに、これから日本の労働力人口が減ることはほぼ確実の「確定した未来」です。その中で、いまだに右肩上がりの経済・人口増を前提とする高度経済成長期に作られた雇用ルールのあり方は正しいのでしょうか。

「働く」をめぐるルールである労働法を「変えよう！」という意見と「改悪反対！」という意見があります。

どう変えるのか、という議論であれば様々な意見があって良いと思うのですが、「改悪反対！」と叫ぶ方の意見は現状がベストな労働法だと考えているのでしょうか？

少なくとも、筆者は現状の雇用ルールがベストだとは思いません。

ベストではない以上、これからどう変えていくかという議論をすべきだと考えています。本書はそのきっかけになればという想いで執筆しています。

また、本書執筆の２０１９年4月時点では、「働き方改革」が叫ばれていますが、皆さんの会社で働き方改革はどんな内容でしょうか？
後に言及しますが、働き方改革とは、労働時間を減らすことだけが目的ではありません。しかし、現実には残業代が減って、手取りが減っただけ、という労働者の方も多いのではではないでしょうか。

いま会社が進んでいる道に未来はあるのか？
私たちの将来はどうなるのか？
日本の行く末はどうなってしまうのか？

そんな声も多く聞きます。その不安の多くは、「答え」がない時代だからこそ、どう進んだら良いかわからないという気持ちの表れではないかと思います。

そんなときだからこそ、**労働法の役割は雇用社会の未来を示すこと、「働く」**

をめぐるグランドデザインを描き、方向性を提示することだと筆者は考えています。

若い人からは、「やりたいことがみつからない」という声をよく聞きます。それは若者がちゃんと「自分探し」をしていないからでしょうか？　仮にそうだとして、海外にバックパッキングに行けば、どこかに探していた「自分」が落ちているのでしょうか？

私はむしろ、「若い人にやりたいことが見つからないと思うのは当たり前だ」と感じます。

昭和の時代は、先輩がやってきた道のりを、より効率的に、より生産量を上げて、拡大再生産しておけば成果が出ました。つまり、ある程度ゴールが見えていたのです。

前の人がやっていることの延長線上に未来があるというのは、未来に希望を持つ上では重要なことで、「俺たちもああやれば良いんだ」という「答え」があることは安心感を生みます。

これが昭和の高度経済成長期、平成初期までのバブル期の感覚でしょう。

しかし、ポスト平成の時代になり、統計値は別として、実感値として景気が良くなったと感じている人はほとんどいないでしょう（最近は統計データ自体の信頼性も揺らいでいますが）。

これからの経済は、不確実性が強く、5年10年で世の中が一変する時代です。そんな現代は、個人、企業、ひいては社会としてみても、どの方向に進めば良いのかという「答え」がない時代です。

良い中学高校に入り、良い大学を卒業し、良い会社に入ることが唯一の答えではないのです。

起業、フリーランス、転職、正社員雇用、地方での再就職、今の会社で部長を目指す……など、様々な選択肢があるなかで、何が正解とは言えないからこそ、10年後、20年後の雇用に不安を感じている人が増えているように思います。

現代においては、新卒で入った会社に一生勤め上げること「だけ」が正解ではありません。もちろん、良い会社に入り、順調に出世し、定年まで勤め上げるケースもあるでしょう。それは素晴らしい人生です。しかし、そうできなかったから「失敗の人生」ではないのです。

転職して自分の適性を認める、同じ会社で仕事を変えて成功する、独立する、起業する、正解は様々です。
最初に入る会社は、最初に付き合った異性と同じような感覚で捉えれば良いと思います。最初に付き合った異性と結婚するのであればそれはそれで素晴らしいことでしょう。しかし、それだけが正解ではないというのは多くの人が思うところでしょう。

このように、価値観は変わっているにもかかわらず、法律は何も変わっていません。そのため、昔のルールを現状に無理に合わせようとしているので、制度疲労による「ひずみ」、例えば追い出し部屋や長時間労働、ハラスメント被害（正確には、ハラスメントを受けたにもかかわらず辞めないで会社に我慢して居続けてしまうこと）などが様々なところに発生[*]しています。

さらに、テクノロジーの発達、AI・ビッグデータの活用により、産業の垣根がなくなっていく時代です。トヨタとソフトバンクが業務提携したというニュ

＊この点については、倉重公太朗ほか著『なぜ景気が回復しても給料が上がらないのか』（労働調査会刊）に詳しい。

ースからも分かるように、自動車産業が電気産業、通信事業と競合するような時代を迎えています。

そのとき、雇用はどうなるでしょうか。

一つ確実なのは、**テクノロジーにより、人でなければ行えない仕事は減っていく**ということ。特にPCを使った単純事務的作業です。

といっても、「AIに仕事を奪われる！」というのは正確ではありません。

AIを使って仕事をする人は必ず残るからです。とはいえ、どの分野で、どの程度、AI・テクノロジーによる業務代替が進み、どの仕事が残るのかを正確に見極めることは困難です。

つまり、どんなに大きな企業に勤めていても、どんな偉い役職だったとしても、先のことは分からないのです。

そのとき重要なのは、どこの企業に勤めているかではなく、どんな肩書があるかでもありません。どんな経験を積んできたか、**どんなスキルがあるか、そして、どんな仕事がしたいかというｗｉｌｌの部分が重要**なのです。このｗｉｌｌはAIでは代替できません。

このようなｗｉｌｌを持った人を一人でも多く増やし、一方では雇用のミスマッチをなくし、ある会社で輝けない人も別の会社でできる限りの力を発揮できるような社会にすること、これが日本全体としての生産性を高めるために重要なことだと考えています。

そのために、日本の雇用社会システムは、将来どうあるべきなのかというグランドデザインを考え直さなければなりません。

先に述べたように、労働法は昭和の時代から変わっていません。過労死などの事件があり、社会的に長時間労働の問題点が指摘されれば、国も労働時間規制を導入し、非正規雇用の問題が出てくれば派遣法改正や契約社員の無期転換、同一労働同一賃金など個別の問題点の対策をしてはいますが、新しい雇用社会のグランドデザインを描き直すという意味では、議論すら進んでいないのが現状です。

正直に申し上げて、**このままでは日本の雇用社会は危うい**とすら感じています。

とはいえ、いたずらに不安をあおるだけの本を執筆するつもりはありません。

本書執筆の目的、それは、労働法を取り巻く現状を理解してもらう方を一人でも多く増やしたいということです。その結果、未来の雇用社会がより良いものになることを願ってやみません。決して、一つの企業が良ければ良いとか、労働者を使い捨てようといった単純な話をしたいわけではないのです。

これから社会に出る若い人や、今の子供世代が、明るく働ける社会であるために、雇用社会はどうあるべきなのか、その時、私たちはどう生きるべきなのか、企業はどうあるべきか、**日本の雇用社会を取り巻く様々な問題について、労働法の視点から考えるのが本書のテーマ**です。

これからの日本の雇用社会のために、私たちができること、それは新たな時代の**「働く」をめぐるグランドデザインを皆で考えること**です。これまで変われなかったとしてもまだチャンスはあります。これから変わろうとする意欲があれば、そう思う人が増えてくれれば、世の中は変えられると確信しています。

「働く」ということは多くの人にとって避けられないテーマです。「人生100年時代」と言われ、60歳定年を迎えてもまだ人生は40年あります。育休を取っても、育児のために退職しても、介護のために退職しても、時期が来ればまた働けます。病気があっても、障害があっても、ガンの治療中でも働けるのです。

働くということの価値観が変化しつつある今だからこそ、「働く」ルールである労働法を見つめ直す必要があると考えます。

未来は自分たちの手で変えられる。

そう思う人が一人でも多く増えるように、働くことについて考える人が一人でも増えるように、そう思って本書を執筆しました。

異論反論大歓迎です。一緒に考えて行きましょう！

日本型雇用が終わりつつある時代のはじまりだからこそ、新しい時代のことを考える必要があるのです。

日本の雇用社会も変えられる。まだ間に合う。

そんな雇用改革のファンファーレを鳴らそうではありませんか。

それでは、まずは現在の労働法を取り巻く問題点から見ていくことにしましょう。

第1章　日本型雇用のひずみと崩壊

正社員の特権が
「非正規貧困化」の根本原因だ
「雇用身分格差」を放置
することは許されない

2018年6月には「働き方改革関連法」が成立し、労働時間の上限規制や同一労働同一賃金など、働き方改革が重点テーマとして日々議論されています。米中貿易戦争、少子高齢化・人口減少、産業構造の変化など日本経済を取り巻く環境の激変、グローバル化・AI・ビッグデータの活用、女性活躍、ダイバーシティなど、好むと好まざるとにかかわらず、**「働き方」の変革が迫られています**が、現実を踏まえていない議論も多く見られるところです。

これからの日本の雇用社会はどうあるべきなのか。本書では、経営者側にも労働者側にも寄りすぎることなく、できるかぎり客観的な視点・データから、日本における雇用の何が問題なのかについて整理しつつ、分析していきたいと思います。

不本意に非正規で働く人たち

まずは、不本意に「非正規」として働く労働者が貧困化する本質的な理由について考えます。

2017年時点において、若年層（34歳未満）の非正規雇用者は約514万人、うち正社員として働きたいのに、正社員になれないため非正規雇用で働いている「不本意非正規」の割合は、25～34歳で最も高く、22・4%に上ります。

「非正規雇用」から連想されるイメージは、単に「賃金が低い」というものでしょうか？　確かに、非正規雇用と正社員の年収差は約300万円といわれていますので、その差は大きいでしょう。しかし、**「非正規雇用」には賃金格差だけではなく、生涯にわたり様々なデメリットがある**のです。

なぜ、非正規雇用問題が解決しないのか。**その本当の理由は、「日本型正社員」の問題のシワ寄せを食らっているから**です。

そもそも、非正規雇用のデメリットを整理すると、**3つのポイント**が浮かび上がってきます。

1つ目は、前述した**賃金格差**です。単純に年収ベースで300万円程度の差があるのみならず、実は賃金体系による差もあります。例えば、時給制非正規の場合は「実際に働いた時間」で賃金計算されるため、遅刻や早退、病欠による欠勤で控除がなされる例が多く見られます。

一方で、正社員の場合は遅刻早退の賃金カットや休んでも賃金控除がなされない「完全月給制」である例も多く、また、その他の手当・賞与・退職金・福利厚生など含めると実感的な格差は思いのほか大きくなっています。

２つ目は、**身分保障の格差**です。非正規雇用について、契約期間の定めがある場合は、そもそも雇用保障が弱いことになります。契約社員のみならず、パート・アルバイトでも期間の定めがついている例が多く見られます。派遣社員についても、派遣先の雇用ではないため、契約は簡単に終了されます。

一方で、正社員については労働契約法が定める解雇権濫用法理という規制により、強い雇用保障が与えられています。

しかも、裁判所は、いわゆるリストラ（整理解雇）の際に、「整理解雇の４要素」を満たすことを企業に求めます。その中に、「（正社員の）解雇回避努力義務」という要素があり、簡単に言えば解雇をする前に、様々な経費削減努力をせよと企業に求めるのですが、そのひとつとして、「正社員を切る前に非正規を先に切れ」ということを求めます。つまり、裁判所自らが非正規差別を助長している状況なのです。

3つ目（これが一番大きいですが）は、**キャリアの格差**です。そもそも非正規雇用の業務は単純労働であることが多く、スキルや専門知識が身に付かない、いわば「労働力の切り売り」であることが多く、キャリア形成ができない点が問題です。今後AIの発達により、テクノロジーに取って代わられる仕事が多くなることは明らかで、その意味でも雇用保障は弱いと言えるでしょう。

企業の人件費調整それ自体は「悪」ではない

では、なぜ企業は非正規雇用を活用し続けるのでしょうか。「身分が不安定な非正規雇用を使うのはけしからん！」ということなのでしょうか。

ここで考えるべきは、**企業の人件費は無限に存在するわけではない**という極めて当たり前の視点です。

企業は年間の人件費予算である「総額人件費」を定めてこの範囲内で人事をコントロールしていきます。にもかかわらず、「皆を正社員にすれば良いではないか」「企業の内部留保を取り崩せば正社員にできる」など、**「賃金原資には限りがある」という大前提を忘れた議論**が、あまりにも多く見られます。

そもそも景気変動に応じて、企業が人件費を調整すること自体は世界共通の普遍的事象であり、それ自体が「悪」なら、もはや資本主義とはいえません。問題は、**その人件費調整のしわ寄せを「誰」が引き受けるのかということ**なのです。

現状は、正社員に対する解雇規制が強すぎるため、非正規労働者がこれを一手に引き受けているといういびつな構造になっています。スキルや能力、経験を考慮するのではなく、「非正規だから」リストラ対象とされ、「正社員だから」

その対象とはならないのは、あたかも身分制度のようではないでしょうか。もちろん、正社員を対象とするリストラを行う例はあります。しかし、それは「非正規のリストラ」を行った後か、「どうしても非正規を残す理由」がある場合に限られるのが現状なのです。

また、「企業は内部留保を取り崩せば非正規雇用対策ができる」といった反論もよく言われます。確かに、企業には現預金も多く積みあがっているのですが、**「内部留保」は会計上の概念であり現金そのものではない**という大前提を理解していない議論が散見されます。

そもそも、為替次第ではありますが日本の名目GDPはざっくり言って548兆円、労働分配率がおよそ70％であるとして、賃金原資の総額は548×70％＝383兆円です。一方で、日本企業の内部留保は446兆円ほどですので、1年と少し分の賃金原資相当額しかないのが現状です。これを「吐き出した」場合、翌年以降はどうするのでしょうか。もちろん、「賃金を上げるべき」というのは国も要請しているところであり、これが実現することは、働く側にとっては好ましいことですが、そうであるからこそ今後も持続可能な議論をする必要があります。

前述の通り、「内部留保」とは単に現金のことではありません。それは設備であり、工場であり、営業車であり、保有株式、未来への投資等の、つまり、未来の事業活動に必要な資産なのです。これを売却してカネにするということは、「今が良ければ将来はどうでも良い」という発想であり、タコが自らの足を食べて空腹を満たすという、まさに「タコ足」状態といえるでしょう。

このように、「内部留保を取り崩して」**一時的に非正規を正社員にして賃金水準を上げたとしても、持続可能性がありません**（しかも、労働法の規制により一度上げた賃金はなかなか下げられません）。

非正規問題を解決するべく、厚生労働省は様々な対策を講じています。近年の例でいえば、偽装請負・日雇い派遣への対策、派遣法改正、労働契約法改正による無期労働契約転換権の付与、同一労働同一賃金などの政策が挙げられます。しかし残念ながら、これらの対策が功を奏しているとはいえませんし、今後もうまくいかないでしょう。なぜなら、これらは**いずれも場当たり的対策であって、根本的な対策ではない**からです。

そもそも非正規雇用「だけ」の問題として捉えるのが間違っているのです。では、本当の意味での非正規労働者対策とは何か？　それは、雇用全体の問題、つまり「正社員」の問題として捉えることです。非正規雇用は正社員の影、表裏一体の存在なのです。強すぎる正社員の保護と比べて、あまりに弱い非正規雇用者の保護。このアンバランスさが問題の本質です。一度正社員を雇うとなかなかクビにできない。だから非正規雇用が活用されるのです。

この「ひずみ」が生み出すものについて、次に考えていきたいと思います。

「解雇しやすい社会」にすれば正社員は増える
真の意味での雇用の安定をどう考えるべきか

非正規雇用にある人たちが「貧困」に陥りやすい原因は、正社員という制度にあるということを指摘しました。つまり、正社員の「特権」がアンバランスなほど強すぎるために、非正規雇用の活用による人件費調整が行われてしまう、ということです。では、どうして正社員「だけ」に、強い雇用保障という「特権」が与えられているのでしょうか？

今回は、日本型正社員の本質から、正社員にのみ与えられた「特権」が生み出す様々な「ひずみ」について、考えたいと思います。

そもそも正社員と非正規雇用において、自らが有する経験・スキル・知識などが問われずに、「正社員か、非正規か」というあたかも身分制度のような処遇差をつくることは公平とはいえません。

正社員に与えられた特権的な雇用保障を改革することが、真の意味での非正規「貧困」対策であり、真に公平な雇用ルールの第一歩なのです。

正社員ルールは、昭和・高度経済成長期のもの

そもそも日本の雇用ルールは、労働契約法という法律に定められています。日本型正社員の2大特徴は、**一度雇ったらなかなか解雇できない解雇権濫用法理**と、**一度上げた賃金はなかなか下げられないという不利益変更法理**です。

これらのルールは、元から法律で定められていたのではありません。昭和の時代の最高裁判決から生まれたルール（判例法理）*です。

当時の時代背景を考えてみると、人口は増加し、経済も右肩上がり。まさに高度経済成長期でした。その時の日本企業では、新卒採用で終身雇用、年功序列が当たり前であり、新卒で入社した企業に定年まで勤め上げるのは当然、と

＊現在は労働契約法に規定されている。

いう社会慣行でした。こうした「終身雇用が当たり前」という考え方は、単に労働契約を結ぶのではなく、「会社」という会員制組織のメンバーになるという意味で「メンバーシップ型雇用」*などといわれるところです。

メンバーシップ型雇用の特徴は、終身雇用、無限定な仕事、広い職種転換、人事ローテーション、全国転勤、長時間労働など、いわば「**昭和的働き方**」といえるものです。

メンバーシップ型の終身雇用が当然とされていれば、解雇によって会社から追い出すのは「よほど例外的な場合」のみ、ということになります。実際の裁判例でも、解雇が有効となるには「単なる成績不良ではなく、企業経営や運営に現に支障・損害を生じ又は重大な損害を生じる恐れがあり、企業から排除しなければならない程度に至っていることを要」するという表現が使われています。

＊詳細は濱口桂一郎 著『日本の雇用と労働法 』（日経文庫）参照

しかし、現実に企業経営に支障や重大な損害を生じることを待っていたのでは、企業の存続自体が危ぶまれてしまいます。経営危機が起こってから対処したのでは遅いことは言うまでもありません。そうすると結局、正社員を解雇すること自体が難しくなるのです。

ひるがえって、現代はどのような状況でしょうか。バブル崩壊後、「失われた20年」とも「30年」とも表される景気低迷期と言われつつ、「いざなぎ景気」を超える戦後最長の（実感なき）景気回復期、リーマンショック、デフレ、アベノミクスによる（実感なき）株高、Ｂｒｅｘｉｔ、通貨安競争、米中貿易戦争、隣国との情勢不安などなど、企業を取り巻く経済環境は文字どおりめまぐるしく変動しています。また、日本独自の課題としては最重要課題である、人口減による高齢化社会にも向き合わなければなりません。

さらに、テクノロジーの発達、第４次産業革命ともいわれる現在、過去の延長線上に成長する未来はなく、**今後10年・20年後にどんな企業が生き残っているかなどは誰もわからない**状況です。

有名な大企業でも身売りやリストラのニュースを耳にすることが珍しくない今、昭和の高度経済成長期と現代の時代背景が違うのは明らかです。

そして、**労働法は、いっさい変わっていません**。いまだに終身雇用を前提とした考え方がそのまま生き残っています。

正社員1人あたりのコストは4億円にも

そのような状況ではリスクのある新規事業へのチャレンジや、新規部門の設置・撤廃やこれに伴う人的移動などを機動的に行うことができません。「正社員」を定年まで雇うことのコストは、3億円とも4億円弱とも言われる中、このようなリスクを冒して新規事業にチャレンジする機会を、ある種法律が奪っているともいえます。これが日本においてイノベーションが起きにくい一因になっているのです。

そして、経済環境の変化に応じた機動的な労働力の移動ができず、労働法が時代とミスマッチとなった結果、雇用が滞留・固定化し、一部は既得権益化し、また、非正規の「貧困」や、正社員の際限なき長時間労働、**メンタルヘルス、ハラスメント、ブラック企業の出現など、様々な「ひずみ」を生んでいる**のです。一部の正社員だけが特権を受け、非正規・若年層が割を食らうというのは、まさにいびつな構造です。

これまで述べた日本型正社員を前提としたルールの弊害は、企業に正社員としての採用を抑制させ、一定数は非正規にとどまらせる効果があり、必然的に非正規雇用の割合が減らない状況です。そうすると、非正規問題解決の方策は、非正規雇用の底上げをしようという方向ではなく、非正規と正規を近づけることになるでしょう。

今までのような「身分制」ではなく、むしろ能力やスキル、経験、職歴などにより、雇用保障を含めて公正に評価する方向が公平だと考えます。正社員の雇用保証のあり方を変えることにより、正規と非正規の違いは、個々のパーソナリティやライフスタイル、ライフステージ、「働く」ということに対する価値観の違いによる「働き方の違い」だけとするべきです。

OECD2015年対日審査報告書によれば、「企業は、雇用の柔軟性強化や、強い労働保護下にある正規雇用者を解雇するコストを避けるため、非正規労働者の雇用を……（中略）……増やしてきた」とされています。このように、**非正規のみが雇用調整のしわ寄せを食らっている構造自体が問題**なのです。

社員すべてを非正規にして、「いつでもクビにできるようにしよう」という話では決してないのです。

そもそも、解雇ルールの根底にある**「ひとつの会社で定年まで面倒を見てもらおう」という発想自体が、これからの時代、働く側にとって最大のリスク**であると筆者は考えています。

日本経済の今後の見通しも立たない中、終身雇用を保障できる会社など多くありませんし、現時点でどこの会社がそうできるのかを予測することすら困難です。

一生勤めていこうという会社（部門）がなくなったときに初めて焦るのでは遅いのです。自分の人生をすべて企業任せにしても良かった時代は終わりを迎えつつあります。むしろ**「自らのスキルアップこそが最大のセーフティネットである」**という発想から、能力開発のあり方を再検討すべきだと思います。

「新卒一括採用が当然」
という時代は終わった
コスト削減より
マッチング精度の方が
重要だ

日本型「新卒一括採用」の本質とは何なのか

ここでは、日本型雇用慣行の特殊性としてよく挙げられる、新卒一括採用について考えたいと思います。

実は、日本の新卒採用は世界的に見ると特殊な部類に入ります。基本的に、欧米では日本のような新卒一括採用のような慣習はなく、「空いたポジションに適切な人を入れる」という感覚が一般的です。そこに、「新卒」や「中途」といった概念はほとんどありません（一部でポテンシャル採用などはありますが、例外的であり、その分若年者の就職が困難という問題もあります）。

ではなぜ日本で、新卒一括採用が定着しているのでしょうか。
新卒一括採用のメリットは、採用コストを抑えられること。また、若年層の失業率抑制という点が挙げられます。

当然ですが、採用にはコストがかかります。広告費やデータベース掲載費、会社説明会実施費、面接担当者の人件費等々です。この点、新卒一括採用では採用時期が一度に来るため、通年採用に比べて人的・物的資源を集中できます。そのため、全体としてコストは抑えられるでしょう。学生が大量に求職状態に入るので、大量に採用することも可能となります。また、入社時期も共通なので、教育コストも一括で済み、安く抑えることが可能です。

一方で、社会全体でみると、若者の失業率の低下という意味においても重要な役割を果たしています。欧米式の「空いたポジションに人を入れる」方式の場合、スキルや経験の少ない若年層には、就職がどうしても厳しい結果となり、若年失業率が高まってしまいますが、新卒採用制度のおかげで日本では低くおさえられています。

一括採用には日本型雇用の歴史が関係している

ただ、日本において新卒一括採用が定着しているのはそれだけが理由ではありません。日本型雇用の歴史が関係しているのです。戦後の高度経済成長期における右肩上がりの時期において、日本企業は多くの労働力を確保する必要がありました。地方からの集団就職などによって、一度に多くの労働力を確保してきたのです。

また、当時の働き方は「働き方改革」が叫ばれる現在とは大きく異なり、「どんな仕事でも」「どんな場所でも」働くという職務無限定、配置転換無限定のものがほとんどです。そして、新卒で経験・スキルがなくとも、「若くて素直」な画一的人材を会社に入社させ、その後教育によりスキルを身に付けさせれば良いという考え方でした。賃金体系も年功序列なので、年次でグルーピングし、仲間意識を持ってもらう方が良いというメリットもありました。このように、右肩上がりの経済の中で、終身雇用・年功序列といった雇用慣行の下、画一的な人材を大量に採用する必要から、日本において新卒一括採用が定着していきました。

現代においても、もちろん新卒採用は変わらず主流となっています。

しかし、背景事情はどうでしょうか。バブル崩壊後、大企業でもリストラは常態化し、終身雇用は事実上崩壊しています。「同一労働同一賃金」が標榜され、勤続年数ではなく、具体的なスキル・経験による職務能力に対して賃金を支払うという方向性に傾き、**年功序列についても崩壊が始まりました。**

さらに、経団連も新卒採用に関する指針を２０２０年から廃止するということで、これまで一斉に行っていた広報解禁、選考解禁、内定日などの統一がなくなっていき、通年採用が増えていくでしょう。

その中で、企業が新卒採用だけにこだわり続ける意味はどこにあるのでしょうか。「周りの企業がそうしているからなんとなく……」という企業は、新卒採用の意味を考え直すべきだと思います。

また、新卒採用には制度的問題もあります。最も大きいのは、学生側にとって、**生まれた時代にその後の人生を大きく左右される**という点です。筆者自身もそうでしたが、就職氷河期の学生とバブル期や現在の学生では、就職のしやすさがまったく異なります。筆者の世代では、非正規でキャリアをスタートした人もいます。

特に日本は雇用の流動性が低いため、「一度正社員ルートを外れた」場合のリスクが極めて大きいことが問題なのです。**新卒採用で失敗してしまうと、その後のやり直しがハードモードになります**。

企業にとってみても、今後は労働力人口が減少する中、これまでどおりのやり方で本当に必要とする人材を確保できない、ミスマッチのリスクが高まっています。特に、病気や留学、プライベートの事情などで新卒採用を逃した人を採用することの機会喪失は、見過ごすべきではありません。

右肩上がりの経済成長や業績向上が続いており、毎年大量に人を採用すべき時代では、一括採用方式がコスト面からも効率的でした。しかし、より企業にマッチした人材を採用すべきという**「厳選採用」という現在の方向性からすれば、新卒一括採用のメリットは薄れている**といえます。

通年採用のデメリットはコスト面

通年採用のデメリットは、採用・教育のコストがかかるというのが主なものです。しかし、コストをかけてでも優秀かつ自社にマッチする人材を確保すべきという考え方からすれば、**通年・随時採用の門戸をもう少し広げるべき**ではないでしょうか（事実上、経団連指針の廃止見込みと共に、この流れは加速しています）。また、学生側にとっても、通年採用であれば就職前に留学やボランティア活動など、学生が自分のやりたいことを行い、自分のタイミングで就職活動をすることができ、その結果として優秀な人材が増えれば、社会としても歓迎すべきことでしょう。

では、日本の採用は今後どうあるべきでしょうか。ここで、筆者としては、「欧米を真似して新卒一括は廃止せよ！」などというつもりは一切ありません。

すでに述べたように、新卒採用には若年失業率の低下という社会的に大きなメリットがあるからです。とはいえ、目下「働き方改革」が叫ばれ、「多様な働き方」なども各企業により検討されている状況からすれば、採用のあり方もまた多様であるべきことは自然な考えでしょう。

特に、労働時間を少なくしつつ、今後の労働力人口減少に向き合うのであれば、多少のコストを掛けてでも多様かつ優秀な人材を獲得して、生産性を上げる必要性は高いといえます。そこで、新卒採用は一定程度残しつつ、通年採用の枠を拡大する検討は各企業で必要でしょう。少なくとも「周りがそうだからそれにならう」という企業は一考の価値ありです。

また、通年採用に舵を切るのであれば、大学教育など教育システムの見直しも必須になるでしょう。現在の高校・大学教育はキャリアと切り離されていますので、この点を見直すことも重要な論点です。

第2章　「働き方改革」ってなに？

「働き方改革」は何を改革するのか

近時、「働き方改革」という言葉を目や耳にすることが多くなりましたが、そもそも、働き方改革とは何でしょうか？

端的に言えば、それは、**昭和的働き方（日本型雇用）を改革するということです**。昭和的働き方の特徴は、**家庭のことは奥さんに任せて男性は仕事中心の人生を送る**というロールモデルに代表される長時間労働、全国転勤、職種無限定のような働き方のことです（その他、企業内組合、終身雇用、年功序列という特徴もあります）。

昭和的な働き方における労働者像は、このような男性中心の同質的（同じような属性の）労働者像でした。

とすれば、労働者をマネジメントする側の人事としても、同質性を前提とした一律のマネジメント（例えば、長時間労働に耐えられない人は採用しない）

で良かったのです。

しかし、このような**昭和的働き方は限界を迎えています**。長時間労働による過労死・過労自殺が世間の関心事となり、労働力人口も今後減少することは確実だからです。

さらに言えば、「働く」こと自体に対する**価値観が多様化している現代においては、「一律のマネジメント」では対応できません**。

つまり、様々な価値観や「制約」（育児・介護・病気・障害・外国人労働者・高年齢労働者等）を抱えている人の個々の事情に合わせて、各人の戦力を最大化するための多様なマネジメントが必要となるのです。

これが政府の掲げる一億総活躍の理念です。

そして、多様なマネジメントを通じて実施される「従業員価値を最大化するための施策」こそが働き方改革の本質ということになります。長時間労働削減・副業の推進・育児介護問題など、個別の制度が問題になることが多いのですが、これらは働き方改革の一つの側面にすぎず、「何のためにやっているのか」という働き方改革の本質を忘れてはなりません。

つまり、**働き方改革は従業員価値を最大化するために、働く環境を良くするという点に主眼があります**。環境を良くするという意味の働き方改革に終わりはなく、「労働時間を削減しました」というだけでは意味がないのです。

現代的な労使関係とは

「働き方改革」という中では個人と会社との関係も変容する以上、**集団的労使関係、つまり労働組合や従業員代表のあり方も必然的に変化**してきます。

歴史上は、労使関係で「闘争」の時代が長く続いていました。「春闘」や「ガンバロー！」「エイエイオー！」といった労働組合の闘争をニュースなどで見たことがあるでしょう。

しかし、現代において会社は倒すべき存在ではありません（倒したら働く場所がありません）。

また、春闘や賃上げ要求など、「一律」要求を行う時代でもありません。むしろ、頑張っている人と頑張っていない人を「一律」に扱うことは不公平とすら感じる人は多いでしょう。

先に述べたとおり、**「一律」管理の時代ではない**のです。

経営（人事）の目的は社員のパフォーマンスを最大化することです。そうであれば、労働者側組織は多様な労働者の意見を吸い上げ、代弁することが役割であり、どちらも「会社を良くする」という目的は共通です。

つまり、労使関係は、その立ち位置が違うだけであり、目指すべき場所は同じということになり、反対の立場ではないのです。

これからの時代の労使関係は提案型・対案提示型の自律的関係が求められており、その意味で労働組合の役割もまた重要であるといえます。連合をはじめ労働組合の皆様においては、真の労働者代表たる労働組合へ変革していってほしいと願います。

同一労働同一賃金政策について

さて、働き方改革法の中で労働時間の上限規制と並んで目玉となるのは、同一労働同一賃金関連の改正です。

元々は、労働契約法（20条）においては契約社員の均衡処遇が、パート労働法（正式名称は「短時間労働者の雇用管理の改善等に関する法律」）においてはパート労働者の均等処遇（9条）、均衡処遇（8条）が定められていました。

まず、「均等」と「均衡」という二つは似て非なる概念です。

「均等」は差が存在すること自体が許されない、同等であることを要するのに対し、「均衡」はバランスの取れた処遇という意味ですので、一定程度の差を許容する「幅」のある概念となります。

本書は実務について解説する本ではないので、詳細な実務対応は省きますが、この**同一労働同一賃金と言われている政策は世界的に見ても極めて特徴的な政策**なのです。

本当に「同一労働」「同一賃金」というのであれば、同じ仕事をしていれば、会社を問わず、業界全体で賃金を統一すべきです。現にヨーロッパなどでは産業別の労使交渉により賃金が定められている例が多いのですが、日本の同一労働同一賃金は法人単位となります。

そのため、同じ仕事をしていたとしても、法人が違えば、賃金が違っても良いことになります。

また、賃金制度は企業によりその内容が様々であるため、裁判所も判断がしづらく、国のガイドライン（指針）でも「どのような場合に不合理となるのか」が分からないという極めて不安定な状態です。

しかも、改正法施行（大企業は２０２０年、中小企業は２０２１年）後は正社員と非正規雇用の待遇差を説明する義務が企業に生じます。

例えば、弁護士からの内容証明や労働組合からの団交要求において「Aさんの労働条件が正社員と異なる理由について説明せよ」という事態が想定されるため、今の内から「なぜ、正規と非正規の賃金体系が異なるのか」という理由について整理しておかなければならないのです。

同一労働同一賃金問題の本質は？

そもそも同一労働同一賃金の本質は、「正規と非正規の賃金体系は異なる」という日本型雇用においては当然の前提が崩れつつあることにあります。これまで日本型雇用においては正社員は「メンバー」であり、非正規雇用は「メンバー外」でした。「非正規だから賃金体系が異なって当然」*だったのです。

しかし、今後は「非正規だから」給料が安い、「正社員だから」給料が高いということではなく、どんな仕事をしているか、どんな能力・経験があるかが重要となります。そのとき問題となるのは、「正社員の給料はなぜ高いか？」

＊日本郵便逓送事件　大阪地裁平14.5.22

ということについて説明する必要があるということです。

もう1点、この同一労働同一賃金政策の背景事情について述べておきます。本政策の目的は労働分配率を高めて国内消費を喚起しデフレを脱却することにあります。

確かに、非正規雇用の一部の労働条件は今後改善に向かうでしょうし、実際にその傾向がみられます。

しかし、企業の「サイフは一つ」なのです。

非正規雇用の処遇改善が多少見られても、肝心の正規雇用の処遇は上がらない（あるいは上げ幅がおさえられるか一部下げられる）のであれば、、結果的に、国民の大半である正規雇用への労働分配率が上がらない（下がる）ため、結果として**デフレ脱却には繋がらない**でしょう。

本質的にデフレ脱却を目指すのであれば、景気変動に応じた柔軟な給与支払いを許容しうる不利益変更法制や余剰人員・ミスマッチ人員に対する解雇法制についても改めて検討するところから目を背けてはなりません。

正社員の処遇を下げて格差を是正する方針を打ち出した会社がある

このテーマに関して、大きな反響を呼んだニュースがありました。日本郵政が正社員の住宅手当などを廃止し、非正規社員との待遇格差を是正する方針を打ち出したというものです。

日本郵政が、このような方針を打ち出したことには理由があります。東京地裁（高裁）と大阪地裁（高裁）、二つの裁判所で、契約社員の処遇（一部手当）について正社員との差が違法である、という判断が下されていたのです。そこで、違法状態を解消するべく、早急な待遇差の是正に動いていました。

待遇差の解消方法としては、政策の狙いどおり、「非正規雇用の処遇を上げる」という方策が思いつくところですが、今回は「正社員の処遇を下げる」という方策を採ったことで、大きな話題となりました。

しかし、このニュースは単に「処遇を低い方に合わせるなんてけしからん。法の趣旨に反する」という単純な話ではありません。労働法的側面から、もう少し深く考察してみると、違った視点が浮かび上がってきます。

「世代間の不公平」という現実も浮かび上がる

さらに、日本郵政の方針を分析すると、正社員と非正規社員という問題を超えて、「世代間の不公平」という現実も浮かび上がります。今回の制度変更は組合との合意によって、「10年」という非常に長期の経過措置を設けているという点は注目に値します。つまり、現在50代の日本郵政の正社員の方は従来どおりの手当があるまま、定年を迎えることになるのです。その一方で、これから正社員として入社する人は「手当」の恩恵を享受できないことになります。

では、「手当」を支払い続ければ良いのでしょうか。そう単純な話ではありません。

今回、日本郵政が廃止することにした正社員の住居手当は、最大で1か月あたり2万7000円の支給だそうです。日本郵政の場合、非正規社員数は約19万7000人と言われますので、単純計算で19万7000人×2万7000円＝53億1900万円という莫大な金額を「毎月」支払わなければなりません。

これはボーナスなどではないので、「利益が上がったら支払う」ということもできません。「毎月」約53億円、年間で約636億円なのです。

処遇を改善せよ、と言うのは簡単だが…

「非正規雇用の処遇を改善せよ」、と言うのは簡単です。しかし、その分何かを諦めなければならないということも忘れてはなりません。つまり、53億円あれば将来への投資や、グローバル展開のための費用や、今後の成長の柱を探すための新規事業への投資、ましてや斜陽産業である郵便事業が頭打ちであるのは確実である中、**どのような成長戦略を描くかが重要な中で、将来への投資を**

諦めて「手当」を支払うことは是か非か、という話が本質なのです。

新規事業が育たなければ、未来の雇用が失われますから、割を食うのは結局「これから」働く人。つまり若い世代です。若い世代にとって本当に良いのはどちらでしょうか。

法律に従わなくて良いとか、判決を無視して良いとか言うつもりは毛頭ありません。しかし、「法律の趣旨がこうだから」「判決がこうだから」、処遇を改善しなさいと言うだけなら簡単ですが実際には突然、企業の「財布」が増えるわけではありません。

日本郵政の最大労組（組合員約24万人）が手当削減提案に同意したというのは、会社の将来を見据えた深い洞察があってのことでしょう。単に「会社のいいなりになっている御用組合はけしからん」という話ではないはずです。

正社員をはじめとする全体の制度設計を考えない小手先の対応では、結局どこかに「しわ寄せ」が行くだけなのです。

自分の会社の下請けや子会社に「しわ寄せ」が行く場合もあるでしょう。たとえ正社員だからといって、自分さえ逃げ切れれば良いという話ではないはずです。非正規社員と正社員の格差の「根源」である、身分保障や労働条件変更の考え方を含めたこれからの雇用社会のグランドデザインを再検討して、初めて本当の意味での格差是正が議論できると筆者は考えています。

ガイドラインはブラックボックス

しかし、今回の同一労働同一賃金ガイドライン（指針）は正社員と非正規雇用の差について「将来の役割期待が異なるため、賃金の決定基準・ルールが異なる」という「主観的・抽象的説明」では待遇差を根拠づけることにはならないとしています。

つまり、これまで日本型雇用が培ってきた壮大なフィクションの終焉であり、処遇の差について「正社員だから」「年次を重ねているから」ではなく、「具体的に、どのような職務経験・スキルが違うのか」を説明する必要があるのです。そうなれば、まさに「日本型雇用の終わりのはじまり」と言えるでしょう。

なお、指針では、基本給を同一にすべき場合について多数具体例の記載があるように見えますが、これらはほとんどの日本企業ではあてはまりません。

少し踏み込んだ話をすると、指針における人事評価との関係で極めて重要な点は、指針において脚注として記載されている次の箇所です（傍線筆者）。

（注）

1 通常の労働者と短時間・有期雇用労働者との間に賃金の決定基準・ルールの相違がある場合の取扱い

通常の労働者と短時間・有期雇用労働者との間に基本給、賞与、各種手当等の賃金に相違がある場合において、その要因として通常の労働者と短時間・有期雇用労働者の賃金の決定基準・ルールの相違があるときは、「通常の労働者と短時間・有期雇用労働者との間で将来の役割期待が異なるため、賃金の決定基準・ルールが異なる」等の主観的又は抽象的な説明では足りず、賃金の決定基準・ルールの相違は、通常の労働者と短時間・有期雇用労働者の職務の内容、当該職務の内容及び配置の変更の範囲その他の事情のうち、当該待遇の性質及び当該待遇を行う目的に照らして適切と認められるものの客観的及び具体的な実態に照らして、不合理と認められるものであってはならない。

実は、日本の雇用システムにおいて、ほとんど（99%の企業がそうであるとも言えます）の賃金規定は、指針に定めるような基本給の区分けができるものではなく、本脚注にあるように「通常の労働者と短時間・有期雇用労働者の賃金の決定基準・ルールの相違があるとき」に該当[*]するのです。

そのため、**この点が指針で最も重要な記載であり、この点をどう読み解くかにより、その後の実務対応も自ずから見えてくることになります。**

ここで重要なのは、正社員と非正規雇用の違いは「将来の役割期待が異なる」という主観的・抽象的説明では足りず、均衡処遇の4要素（①業務内容、②責任、③人材活用の仕組み、④その他の事情）に従い具体的に検討する必要があるということと、具体的に検討する対象が何であるかという点です。

つまり、〝何〟の違いについて正社員と非正規雇用の違いを検討するのかというと、「賃金の決定基準・ルールの違い」についてなのです。具体的に言えば、なぜ正社員は職能資格で、なぜパートは職務給なのか、あるいは、なぜ役割に対して払うのかという賃金制度の本質部分が重要なのです。要するに**「なぜその賃金体系なのか」という点を説明する必要がある**でしょう。

＊詳細については本書の濱口桂一郎氏との対談（249頁）を参照

この点、指針は、「正社員も非正規も同じ職能資格制度であったら？」という前提で具体例を記載していますが、ほとんどの企業において正社員は職能資格であってもパートは単なる時給制ですので、指針の議論が妥当しないのです。

すると、**基本給制度の違いが「不合理」かどうかは、指針では何も説明していないに等しく、完全にブラックボックス**のまま、企業対応および司法にゆだねられた不安定な形になっており、企業人事としては不安になるところでしょう。

本書は実務書ではありませんので、深入りは避けますが、要点を述べれば、基本給の違いを説明するには、人事評価指標などにより具体化された正社員と非正規雇用の役割の違いを明確化し、これに基づき、賃金の決定基準・ルールの違いそのものが「不合理ではない」と具体的に論証することが重要です。

非正規の賃金を多少引き上げるが…

「同一労働同一賃金」政策は、非正規雇用の賃金を多少なりとも引き上げるということで、一定の効果はあるでしょう。しかし、これだけで日本における「働き方改革」を全うできるということにはならないと考えます。そもそも、「同一労働同一賃金」は欧州でみられる政策ですが、**労働政策は労働関連法規一体で成すものであり、一部を真似るだけでは意味がありません。**

欧州では、解雇規制について金銭解決制度が整っているのが一般的で、正社員の解雇が厳しいと言われるイタリアでさえも近年、金銭解決制度の導入に踏み切りました。

なぜ、「同一労働同一賃金」と雇用の出口論である解雇規制の議論がリンクするのでしょうか？　率直に言えば、雇用の出口の話をしないと、賃金に見合った働き方をしていない人を優遇することになりかねないからです。

もちろん、一生懸命頑張っているのに、「非正規だから」という理由だけで待遇差別を受けている人の処遇は、改善する必要があるでしょう。しかし、スキルアップや業務遂行に対して自らの努力を怠っているにもかかわらず、形だけ「同じ仕事だから」という理由で、いわば「タダ乗り」する形で処遇改善が行われることは、かえって職場の不公平感を招き、頑張っている人が正当に評価される社会とは真逆になってしまいます。

企業の賃金原資は限られており、特に、賞与の原資は一定のものしかありません。その中で、これまで正社員で分け合っていたものを非正規についても分配するということであれば、正社員の中から不満が出ることも当然想定されます。そうすると、形式的に同じ仕事を担当していたとしても、企業にとってミスマッチと考えられる人材の「出口」を緩和することが必要になってくるのです。

現在の解雇規制では、ミスマッチ人材の解雇が非常に困難であり、辞めさせることができない一方で、ミスマッチ人材に賃金原資を過度に分配することが本当に正しい政策なのか、あらためて考える必要があるといえます。

世代間格差拡大を招く
「定年後再雇用」の現実

最高裁の判断に
大きな注目が集まっている

「定年後再雇用」に関する裁判で、２０１８年6月1日に長澤運輸事件の最高裁判決が下されました。これは、定年後再雇用者について、仕事が変わらないのに、賃金を引き下げるのは違法かどうかが問題になりました。

賃金を下げるのは違法？

この裁判の事案について説明しましょう。横浜市にある運送会社「長澤運輸」（従業員数72名）の男性社員3人が定年退職した後、同社に有期雇用の嘱託社員として再雇用されました。仕事内容はトラック運転ということで変わらないのですが、賃金は2割程度引き下げられています。原告らは「仕事の内容が変わらないのに賃金を下げるのは違法だ！」などと主張しています。

一審の東京地裁は、同じ仕事をしているのに賃金を下げるのは、同一労働同一賃金の観点から違法としました。一方、二審の東京高裁は、「定年後の再雇用において、一定程度賃金を引き下げることは広く行われており、社会的にも容認されていると考えられる」などとして、同法に違反しないと判断し、原告が逆転敗訴しました。

また、最高裁は、精勤手当の相違（とこれに基づく超過勤務手当の時間単価の相違）については不合理としたものの①定年制は、使用者が、その雇用する労働者の長期雇用や年功的処遇を前提としながら賃金コストを一定限度に抑制するための制度であり、定年後再雇用者を長期間雇用することは通常予定されていないこと、②また、定年後再雇用者は、定年退職するまでの間、正社員として賃金の支給を受けてきた者であり、老齢厚生年金の支給を受けることも予定されていることから、一定の相違は不合理ではないと判断しました。

この事件は、定年後再雇用という問題を通じて、日本型雇用の問題点を色濃く示唆しています。**この問題の本質を理解するには、定年後再雇用とは何のた**

めに生まれたのかという点に遡る必要があります。紐解いていきましょう。

そもそも、昔は60歳になると「定年」となり（さらに昔は55歳定年制でした）、その時点で雇用が終了し、それ以降の雇用継続があるかは完全に企業の判断に委ねられていました。「60歳で定年」という意識は、今でも一般の方に広く認識されていると思います。しかし、現在では、「高年齢者雇用安定法」により、原則として65歳までの再雇用が企業の義務となっています。そもそも、なぜ企業にこのような義務が課されているのでしょうか。

端的に言えば、年金政策問題です。以前は、年金支給開始が60歳からとされていました。しかし、少子高齢化により今の給付水準では財源が持たないことが明らかとなりつつあります。そこで、**現在、年金の支給開始年齢を65歳まで段階的に引き上げている最中なのです**（2025年まで段階的に引き上げ）。

つまり、年金政策により払えなくなった年金を、民間の給与という形で肩代わりしている状態です。再雇用の趣旨は、あくまで年金が支給されない分を、代わりに給与で払ってほしいというものであり、「定年前の給与を保証せよ」ということではありません。

そのため、高年齢者雇用安定法は、単に「定年を65歳にせよ」とするのではなく、定年後再雇用という形を認めています。なぜわざわざ、いったん退職したうえで即再雇用をするという回りくどい形式を認めるかというと、**それは給与を下げるため**です。

仮に65歳まで定年延長したとすると、60歳以降も雇用契約が継続することになります。そうすると、判例で確立され、現在は労働契約法（10条）に規定されている「不利益変更禁止」という法理によって賃下げ規制がかかることとなってしまうので、これを回避するために一度定年退職して改めて再雇用という形をとるのです。

再雇用で賃下げすることを認めている

つまり、高年齢者雇用安定法は、定年退職によりいったん労働条件をリセットし、再雇用で賃下げをするということを正面から認めているのです。新規雇用であれば、不利益変更の問題にはなりません。実際、皆さんの周りにも、定年退職された方が再雇用され、賃金が大幅に下がったという人を見たことはありませんか？　**これは年金支給に相当する雇用の継続を民間に求める代わりに、国が認めた賃下げスキーム**だったのです。

そのため、国は、自ら「高年齢雇用継続給付」という制度を設けて、賃下げ分について一定程度の補てんをしています（61％程度まで段階的に保証される）。つまり、定年後の賃下げは国も当然に想定しているのです。

一方で、先ほど述べた「同一労働同一賃金」の議論があります。定年後再雇用では1年契約などの期間雇用の形をとるため、形式的には契約社員となります。

つまり、**定年後再雇用の賃下げが優先となるか、同一労働同一賃金が優先となるのか**、という争いになっているのが、本件裁判の争点なのです。

仮に、定年後再雇用における賃下げが認められないとすればどうなるでしょうか。企業は人件費の総額を年単位で計算しており（総額人件費）、当然ですがその原資には限りがあります。ここで、「定年後も同じ仕事をしている場合には定年前と同じ給与を支払え」となった場合は、定年後再雇用の方々に定年前の水準を維持した給与支払いをしなければなりません。

ポイントは、**再雇用については雇用が法律で「強制」されている**ので、人を選ぶこともできないという点です。せめて人を選んだり、優秀な人だけに残ってもらうということであれば考えようがありますが、基本的には再雇用は「全員」について「強制」されています。

必然的に「若い人」の給与が下げられることになる

もちろん原資に余力がある会社だというのであれば良いのですが、**賃金原資に限界がある場合には何かを削らなければなりません**。それはどこになるかといえば、**若い人・現役社員の給与です**。

入社時の労働条件を下げたり、賃金カーブを緩やかにして65歳までのトータルで見ればもらえる額を従前と同じようにすることを検討したり、残業禁止にする、ボーナスを下げる等々です。すでにいる社員は、不利益変更となるため容易に賃下げできません。一方で、定年後の社員も判決により下げられないとなると、必然的にこれから入社する「若い人」の給与が下げられることになるのです。

世代間の公平という観点は、高年齢者雇用の問題を考えるときに、避けては通れない問題であると筆者は考えます。しかし、建前だけの聞こえの良い議論をしても意味がないのです。

国の都合で年金が払えなくなり、その分のツケが民間に回され、定年後も給与を削減できず、これから入社する若い人がその分下げられる、少なくとも一部の人だけが負担を被る結果が公平であるとは筆者には思えません。

生産性を上げて高年齢者にも賃金を支払えという意見もありますが、困難な問題があります。今回問題となった長澤運輸という会社は運送業です。運送業は、基本的に「運行本数×単価」が収入の上限となります。「生産性を高める」といっても、ドライバーがスピード違反をするわけにもいきませんし、荷物を過積載をするわけにもいきません。

そして、「働き方改革」が進む中、ドライバーには休憩も与えなければならないし、労働時間も削減しなければなりません。

大幅な業務効率化やイノベーションの余地があればまだしも、中小規模の運送業にどうやって「生産性」を上げろというのでしょうか。さらに、Ｕｂｅｒなどのテクノロジー介入により、個人事業主による配送が今後発展する可能性もあります。新たなライバルが出現したとき、中小規模の運送業はどうやって利益をこれまで以上に確保すれば良いのでしょうか。

もちろん、運行単価を上げることができれば良いのですが、「単価を上げる」と取引先に申し出ると契約自体がなくなるリスクを常に抱えています。このように、経営の限界がある中で、人件費については必然的に限りが生じます。

「同一労働同一賃金についてこられない企業は退場しろ」というのも、これまた言うは易しですが、そこで失われる雇用についてはどう考えたら良いのでしょうか。そこで働く人や奮闘する経営者のことを思うと安易にそう言えません。少なくとも、スムーズな労働移動のための流動化した労働市場は必要でしょう。

負担は公平に分け合うべき

社会全体として苦しいときには、その負担は公平に分け合うべきだと筆者は考えます。若い人だけに負担を押し付けてはなりません。これまで年金相当額の支給をすれば良かった定年後再雇用制度について、賃金を下げられないとなれば、（企業の業績が大幅改善しない限りは）若い人を中心とする「誰か」の給与が下げられるのは必定です。

年金財源は今後も逼迫《ひっぱく》することが予想されており、将来は定年後再雇用が67歳、70歳まで強制となり、ひいては「定年制は違法」とされる時代が来るかもしれません。現に、70歳までの雇用は近い将来に努力義務化されようとしており、数年後には義務になる可能性もあります。

もちろん、年金政策の問題をあわせて議論することも重要です。将来の不安をなくすために、持続可能な年金制度を中心とした雇用社会をつくれるかどうかは正に国の腕の見せ所でしょう。困難な年金政策を取り仕切っている方々には頭が下がります。本当に頑張って下さい！

一方で民間企業で考えたときには、**高年齢者に高い給与を払い続けることが本当に世代間の公平に資するのでしょうか**。むしろ定年をなくして、全体の中から事業継続にふさわしくない人を解雇しやすくするべきだという意見もありますし、現にアメリカでは年齢差別は違法です（その分解雇も自由ですが）。

「同一労働同一賃金」の考え方は、あらゆる場面に適用されるとするのは疑問があります。世代間の公平という観点で考えたときに、「同じ仕事なんだから同じ報酬で当たり前」というのは本当に正しいのでしょうか？　一見して同じ仕事でも、若年者とベテラン正社員・高年齢者には能力や体力や会社の未来を託すという意味で違いがあると思います。

何が本当の意味での公平なのか、ということを、読者の皆様にはぜひ考えて頂く機会になればと思います。

なお、今後の人手不足や再雇用期間延長により、処遇を高めて積極的に高年齢者のモチベーションを高めるべきという議論はあります。もちろん、そのような企業の動きは出ていますが、これは定年後も積極的に就業したいという意欲があり、現に企業から求められるスキルがある人の話です。

今回の問題は、一律に全ての労働者について「再雇用義務」があることが問題であるという点を忘れてはなりません。

「働き方改革」法改正で時代遅れの「日本型雇用」と決別できるか？

働き方改革関連法とは？

２０１８年６月に成立し、２０１９年４月より順次施行されている「働き方改革関連法」は、テーマが多岐にわたりますが今回は重要論点に絞って、その考え方や狙いを解説していきたいと思います。

なんといっても目玉になるのは、労働基準法改正です。まずは、単月１００時間の残業を絶対上限などとする労働時間上限規制を挙げないわけにはいかないでしょう。

社員の健康管理の問題を踏まえて労働時間の絶対上限を設けるということと、会社施設・資料を使ってスキルアップしたいと考える若者のキャリアプランを両立させるための議論が重要です。

単に残業を削減するだけでは働き方改革とは言えません。現に、残業が制限されることにより、自分のキャリアアップとどう向き合うのか、不安を抱えている若者も存在します。

労働時間が減ることは、キャリアアップの機会を逃すことにもつながる恐れがあります。そこで労働者個人にとってのスキルアップ・キャリアアップと、企業にとっては労働時間削減の両立策を併せて検討することが重要になりますので、労働時間ではない任意の勉強メニューや自主学習へのインセンティブなどを検討することが必要になるでしょう。

労働時間の削減だけに目がくらんで、本来やるべき仕事が放置されたり、誰かにしわ寄せが行ったり、労働者個人のスキルアップができないのでは本末転倒です。キャリア・スキルアップとの両立を図り**生産性を改善しないと本当の意味での働き方改革とは言えない**のです。

また、有給休暇5日の時季指定義務も盛り込まれています。内容は、有給休暇の中から5日、社員が有休を使う時季を会社が定めよとするものです。違反した場合には罰則（罰金30万円）がありますので、企業としては有休取得時季を指定せざるを得ません。

これは日本の有休取得率が低いことから設けられた規定ですが（実際のところ日本は祝日が多いので有休消化率だけで国際比較をするのは適切ではないと考えられます）、実務的には年末年始やお盆の休みにくっつける形で取得させるケースが多いと想定されますので、取りたい時期に有休が取れないという反発もあるところでしょう。

「働き方改革」が必要な真の理由

しかし、これらはすべて個別の議論にすぎません。問題の本質は、**「これらは何のためにやるべきなのか」**という点にあります。

「働き方改革」という言葉は、何とも抽象的で、ともすれば「雇用解体を目論む悪いこと」だという向きすらあります。

「働き方改革」が必要な真の理由は、一言で言えば、圧倒的な「人材不足」です。

もはや、企業は待ったなしで考え方を変革しなければ、ビジネスが立ちいかなくなる可能性すらある、という強烈な危機感のもとで進められているのです。

マーケティングやＣＳＲ（Corporate Social Responsibility ＝企業の社会的責任）のアピールというレベルではありません。日本の生産年齢人口の推移予測を見れば、将来の労働力不足が危機的な状況になることは数字上明らかです。

企業は多様な人材を確保していく必要がある

生産年齢人口とは、年齢別人口のうち労働力の中核をなす15歳以上65歳未満の人口層のことをいいます。日本においては、1995年に8700万人超でしたが、2050年代には5000万人を割り込む予想です。

また、生産年齢人口を全人口で割った、生産年齢人口割合は、2050年代に50%*を割り込む見込みです。つまり、日本人の中で働いているのは2人に1人未満という異常事態を迎えるのが確実なのです。

これから少子化対策をしたとしても、効果が出るまでには時間がかかります

＊国立社会保障・人口問題研究所「日本の将来推計人口」

から、移民の受け入れなどを大胆に行わないかぎり、この状況は当面変わりません。

働き手がどんどんいなくなっていくという状況下で、これまでどおり、男性中心の長時間残業かつ転勤ができる人の採用やマネジメントをしていることは、持続不可能ですので、本書冒頭で述べたように**考え方を変えて、「多様な戦力」を育てなければならない**のです。

これまで、企業は新卒採用で画一的な人材を多く登用してきました。そうすると、出産を行うことがない男性が対象の中心になることは必然です。つまり、人材について同じような人を集める、「同質性」を前提としていたのです。

しかし、先に述べた労働人口の問題から単純に人が足りないので、今後はそうはいきません。今までは家庭に押し込められていた女性にも、当然に活躍してもらう必要が出てきます。

女性のみならず、様々な「制約」を抱えた方、具体的には、介護をしている人、持病がある人、就業時間後には別のことをやりたい人など、様々な人に活躍してもらうこと、それが政府の進める一億総活躍政策の理念ですし、**これを働き方に置き換え、「働く環境を良くすること」こそが働き方改革の本質です。**

繰り返しますが現実は人口減です。そのため、育児・介護でも、転勤できなくても、長時間働けない事情があっても、残業できなくても、時短でも、戦力として登用可能であれば多様な人材を確保してそれらの戦力を最大化する人事戦略をとる必要があるのです。

これは、好む・好まないという問題ではなく、企業として、必要に迫られて行うことになるのです。

ライフステージの変化に合わせた働き方

働き方改革の本質、それは、生活の中に「働く」をどこに位置づけるかという問題です。これは20代、30代、子育て期、子供が一人前になった時期、高齢者など、ライフステージによって異なるのは当然のことです。その時々に応じて、適切な働き方を「選択」することが重要です。

つまり、**働き方改革とは、生き方改革そのもの**なのです。

『LIFE SHIFT（ライフ・シフト）』（東洋経済新報社刊）という書籍が10万部を超えるベストセラーになりました。昭和の時代は、人生のステージは大きく3つに分けられていました。教育のステージ、仕事のステージ、引退のステージの3つです。しかし、60歳定年でもまだ40年あるという、**「人生100**

年時代」であることを見据えて、自らの生き方を考え、選択する必要があります。

そうすると、人生の中で「働く」に集中する時期、家庭とのバランスを考える時期、社会人になってから再び「学ぶ」時期、そして、再び「働く」時期など、そのステージは個人のライフスタイルによって多様化してきます。

この点を理解せず、長時間労働や全国転勤が「当たり前」で、そうしないと一切評価されないような、いつまでも変わらない価値観を持っているような会社で働くことは労働者としてもマイナスです。もし入社した企業が自らのライフステージの変化に合わせた働き方を許容してくれないのであれば、転職も検討すべきでしょうし、今後そのような企業は淘汰されていく流れになるでしょう。

個人の価値観に合った働き方を一人ひとりが考え、それに対して企業も応えていく。それが本当の意味での「働き方改革」ですので、労働時間が増えた減ったと一喜一憂している場合ではありません。

#「働き方改革」は名ばかりになっていないか？

「改革」というと聞こえは良いですが、名ばかりで実際の現場では改革どころか、**「時短ハラスメント」**のような事態になっている状況もたくさんあります。

よくあるのが、「労働時間を減らせ！」と号令を掛けるだけで、具体的なやり方は現場・部下に丸投げし、成果目標や成績についてはこれまで同様に求めるという状況です。

働き方改革の下、労働時間を減らすという点が各企業の悩みの種になっています。管理職としても、経営層から「労働時間を減らせ。部員のマネジメントができないのは管理職失格だ」とプレッシャーを掛けられているのかもしれません。

このプレッシャーを今度は部下に対して向けて、ただ単に「とにかく労働時間を減らせ！」と丸投げする例が見られます。最近ではこうしたことを、時短ハラスメント（ジタハラ）と呼ぶ風潮もあるようです。

本来、管理職が「管理」すべき対象は、単に結果としての営業数字だけではなく、その業務プロセス・労働時間についても含まれるはずです。

それにもかかわらず、部下の労働時間の中身を知ろうとせず、業務のやり方も変えずに、ただ「時間を減らせ」と号令だけを掛けるのでは管理職の仕事を放棄していると言わざるをえません。「こうすれば労働時間を減らせるのではないか」という検討を部下と共に行うのが管理職としてあるべき姿です。

先に述べたように、労働時間を短縮せよという一方で、人事考課、成績評価、営業数字の目標は従前どおり変わらないのもたちが悪いです。「労働時間を減らせ！」と言いつつ、営業成績が未達だった場合の責任は部下が負うとなれば、部下がやる気を失ってしまうのは当然でしょう。

また、仮に頑張って時間を減らしつつ、掲げられた目標値を達成したとしても、評価が従前どおりである場合、マイナス評価にはならないものの、プラス評価にもならないのでは結局同じことです。

そのため、労働時間削減策を実施するのであれば、賞与の支払いや基本給のアップ、あるいは人事考課の方法もまた従来の「時間×数字」の評価から別の評価軸へ変えるべき場合が多いといえます。例えば、絶対的数値で成績を計るのではなく、「時間当たり売上」で計るというのも一例でしょう。

さらに、管理職は部下の残業申請の承認をすることが多いですが、何も確認せず「すべて承認」としている方はいませんか?

労働時間を減らすのであれば、まずは無駄な残業を減らすことが重要であり、そのためには「何のために残っていたのか」「残業せずに終わらせるにはどうしたら良いか」を部下と一緒に考える必要があります。つまり、管理職が管理する対象には、「労働時間」も含まれることを再認識することが欠かせないのです。

反対に、部下の残る時間は減ったが管理職の残る時間が増えた、でも意味がありませんので、業務のやり方そのものを再検討する必要があるでしょう。

年功序列の終わりのはじまり

さらに、改正法の中に、雇用対策法*というものがありますが、これはほとんどの人に知られていません。それは当然で、国の雇用政策に関する基本方針を定めた法律であるため、関心を持ちようがないからです。

しかし、今回の働き方改革法において、雇用対策法は働き方改革の理念を反映した基本法として位置づけられており、誰も知らないところで静かに重要な改正がなされました。

改正内容を見てみますと、基本理念として「労働者は、その職務の内容及び

＊正式には「労働施策の総合的な推進並びに労働者の雇用の安定及び職業生活の充実等に関する法律」に改称された。

当該職務に必要な能力等の内容が明らかにされ、並びにそれらを踏まえた評価方法に即した能力等の公正な評価及び当該評価に基づく処遇その他の措置が効果的に実施されることにより、その職業の安定及び職業生活の充実が図られるように配慮されるものとすること」とあります（傍線筆者）。

これは年功序列型賃金制度の終わりの始まりともいえます。

なぜなら、年功序列型賃金の多くは、「年次が進むと職務遂行能力が高まった」という前提（フィクション）で賃金が上がるからです。しかし、先ほどの雇用対策法の考え方では、賃金が上がるためには「何の能力が上がったか」を明らかにしないといけないので、正に年功序列型賃金を否定している考え方なのです。

あなたの給料はなぜ高いか、答えられますか？

また、「パートタイム労働法」はその名称ごと改正され、「短時間労働者及び有期雇用労働者の雇用管理の改善等に関する法律」になります。つまり、「パート＋有期雇用」の法律となり、いわば非正規雇用に関する規制をまとめた「非正規法」といった性格になります。

そうすると、政府が「非正規雇用を一掃する」と述べるように、今後は「非正規だから」給料が安い、「正社員だから」給料が高いということではなく、どんな仕事をしているか、どんな能力・経験があるかが重要になってくるでしょう。裁判実務も最高裁判決の出現[*]などで変わり始めています。そのとき問題

＊ハマキョウレックス事件、長澤運輸事件　最高裁平30.6.1

となるのは、「正社員の給料はなぜ高いか？」ということです。

「ドキッ」としたそこのあなた、あなたの給料はなぜ高いか、答えられますか？

ホワイトカラーにおける生産性とは？

労働時間を減らすという議論には、よく「生産性向上」という言葉がセットで出てきます。日本は先進諸国の中で生産性が最も低いという言葉もよく聞きます。

しかし、よくよく考えてみると「生産性」とは何でしょうか？

もともと「生産性」という言葉は工場における稼働効率として、「1時間当たり製品を何個生産できるか」という議論で使われていました。工場労働者の場合はイメージしやすいのですが、事務職などのいわゆるホワイトカラーにおいて、効率よく仕事をやるとはどのようなことなのでしょうか。

「生産性を上げろ！」と言いつつ、具体的な方法を聞くと「まぁ……頑張れ」という上司もいるでしょう。この点は、単なる精神論ではなく分析的に考える必要があります。

「生産性」を分析的に考える

まずは個人個人の業務の棚卸しを行い、「今、何をやっているのか」また「やるべきなのか」を一人ひとり明確にするべきでしょう。その上で業務の「住み分け」を行います。例えば、業務を以下の4種類に分けます。

①廃止する業務
②外注（アウトソース。非正規雇用を含む）する業務
③テクノロジーにより効率化・自動化する業務
④正社員として集中すべき業務

自分の業務を棚卸ししてみると、思いの外「こんなことで時間を使っていたのか！」（会議の日程調整や上司の承認待ちのための居残り、客先からの回答待ちなど）ということがわかることがあります。正社員として集中してやるべき業務とそうでないものを峻別して効率化することが重要になるでしょう。

オフィスインフラを整えるという基本

そして、繰り返しになりますが「生産性向上」をうたうのであれば、そのためにできるIT投資を怠ってはなりません。最近はAI・ビッグデータという言葉を様々なニュースで見ますが、AI・ビッグデータなどという最先端の話以前に、そもそもPCやOSが古い、プリンター・スキャナーの数が少ない、ネット環境が不十分、モバイル機器がそろっていない、必要なソフトウェアがない、あっても無償のソフトばかりで有償ソフトを導入していないなど、IT投資で改善できる部分を放置している企業が散見されます。

まずはこれらのオフィスインフラを整えるのが優先です。リーマンショック以降の「コスト削減」によりIT投資を控えていた企業は多く見られますが、働き方改革を実行するうえでは、**従業員に業務の効率化を求める前に、まず企業のインフラに投資すべき**でしょう。

その次の段階は機械により業務プロセスを自動化するRPA（Robotic Process Automation）の導入が考えられます。

例えば「このサーバーの中のこのファイルにあるこのデータを毎月取得して、○○に貼り付けて、足し算して、平均値を出す」という定型作業であれば、一度機械に覚えさせれば以後は自動化することができます。このような技術は日々更新されていますので、最新[*]のテクノロジーに対する取り組みも常に考えていく必要があります。

＊これらの点は、筆者が編集代表を務めた『HRテクノロジーで人事が変わる』（労務行政刊）に詳しい。

さらに、先端のテクノロジーでは、生産性を数値化することも可能になってきています。２０１７年行われた経済産業省主催の「ＨＲ－Ｓｏｌｕｔｉｏｎ Ｃｏｎｔｅｓｔ ―働き方改革×テクノロジー―」でグランプリを受賞した株式会社ＪＩＮＳでは「ＪＩＮＳ《ジンズ》 ＭＥＭＥ《ミーム》」という眼鏡型デバイスを開発しています。これは、眼球の動きと瞬きにより集中力度合いを「％」で定量的に測定するウェアラブルデバイスです。筆者も使用していますが、何をしているとき、どこにいるとき、誰といるときに生産性が高いかが可視化されるのです。

今後は、こうしたデバイスの導入によって従業員１人当たりの生産性も可視化されていき、人事の実務にも活かされる日も来るでしょう。

なお、「HRテクノロジー」とは名ばかりで、単に表計算ソフトをクラウドに上げているだけのものや、まるでAIとは呼べないものも多数あるので注意が必要です。

また、生産性向上を成し遂げるためには、最終的には「投資に資金を投入できるか」という問いを突きつけられます。これは経営判断の問題ですから、判断ができるのは経営者しかいません。

そのため、働き方改革は現場に丸投げしてはならないのです。実際の例としても、働き方改革を率先して行うことを決定したある会社では、社長以下役員が取引先に対して「深夜残業はできない」と説明行脚を行い、理解を求めたという例があります。**働き方改革は、人事部門だけが考えるものではなく、経営層・現場が一体となって取り組む必要がある**のです。

「時間×数字」の人事評価はやめる

そして、人事評価方法は「時間×数字」をベースとした長時間労働前提の評価制度だけではもはや立ち行きません。それでは結局長時間働いた人が絶対数の数字を上げるため、人事考課上も優遇されるので、労働時間を減らすインセンティブが働かないからです。

一つの解として、現代において意識すべきは「時間当たりの生産性」という概念です。これは売り上げの総量で評価するのではなく、1時間当たりにいくら売り上げたかという「時間当たり売上量」によって評価を行うというものです。すでにこうした評価を導入している企業もありますが、この方法であれば社員も生産性を上げれば評価が上がるわけですから、モチベーションアップにつながるでしょう。

このような例はあくまで一例ですが、現代の働き方からして「生産性」をどう測るべきなのか、そして企業はどのように評価をすべきなのか、企業ごとに、労働者ごとに、それぞれが改めて考えるべき時代に差し掛かっています。

働き方改革を行えば、実労働時間が減るわけですから、労働者としては手取りが減ることになります。実際、日本の雇用慣行において「残業代」が占める割合はかなりの量です。「働き方改革」によって企業が雇用者に支払う残業代は年間４兆～５兆円減少するという試算があります。また、日本の残業代の総量は15兆円に上るという試算も出ています。

15兆円といえば消費税の税収にほぼ匹敵する額になるわけで、その金額分が労働市場や労働者に与えるインパクトは絶大なものでしょう。現に「働き方改革で残業代を減らすな」と労働組合から団体交渉を申し入れられたり、残業代が減った分は賞与原資に回すという企業もあります。

働き方改革は、企業側としては推し進めたいところですが、労働者からすれば、「何のためにやらされているのか。手取り収入も減るし、やる気が起きない」となるのも必然です。企業はその声に耳を傾け、単なるブームではない働き方改革を継続して実行する必要があります。

第3章　脱「時間×数字」の働き方

形だけの長時間労働規制は
害悪でしかない
まずは「実労働時間の把握」
を徹底すべきだ

「働き方改革関連法」により残業時間の上限規制が課せられます。社会的問題意識の高まりもあり、特に、長時間労働問題についてはみなさんの関心も高いようです。今回は、現場の実務としてどのように長時間労働対策を行っていけば良いか、具体的に考えていきたいと思います。まずは悪い例からです。

こんな労働時間削減は嫌だ！

労働時間削減の各種の取り組みは企業で現に行われていますが、良い例・悪い例のいずれも存在するのが現実です。典型的な悪い例には次のようなものがあります。

【労働時間削減の悪い例】

- **労働時間を隠す（論外）**
- **現場や部下に仕事を丸投げし、成果目標についてはこれまでと同様のものを求める**

・部下の労働時間について知ろうとしない
・残業代が一気に無くなり、手取り収入が悪化、組合も抗議
↓評価の仕組みについても変更する必要がある
・親会社がやっている施策を子会社でも（現場の状況を無視して）そのまま導入
・ノー残業デーや朝方勤務だけを実施して効率的な仕事のしかたを変えない
・労働時間を削減しろというだけで業務効率化につながるシステム導入等への投資を惜しむ

部下の労働時間を隠したり、知ろうとしないのは論外ですが、一方で厳しく「労働時間を削減せよ」と言いながら、業務の仕組みや成果については同様のものを求めるのであればこれも無理を強いるものであり、マネジメントとはいえません。むしろ「隠れ残業」を発生させる恐れがあります。

また、会社としては、働き方改革を達成すると残業代が削減されますが、労働者にとっては手取りが減ることになるため、その対価として何らかのインセンティブを設計する必要があります。真面目に**努力した人の「残業代が減るだけ」という損をする制度であってはならない**のです。

長時間労働問題を考えるにあたって、最初にすべきことは、労働時間の「実態」を正確に把握するということです。

ここでいう労働時間とは、自己申告や自分でつけた勤怠記録のことではありません。

「現実に働いていた時間」がポイントになります。なぜなら、自己申告などでは労働時間を「忖度」して少なくつけるなど、実態を反映していないケースもみられるからです。労働時間の実態がわかれば、あとはなぜ忙しいのか、それが一時的なのか、あるいは恒常的なのかを分析します。そうすると、特定の部署や人に負荷が偏っているケースがよくみられます。この場合は、全社的な問題よりも先に、その部署自体の改善が必要となります。このように**長時間労働対策においては「実労働時間の把握」が問題解決の1丁目1番地**なのです。

経営トップがすべきことは？

細かな労働時間短縮のための業務改善は各社各様ですので、今回はむしろ大きな視点、経営トップとして行うべき点について述べます。それは、**長時間労働削減方針に責任を持ってやり遂げる意思を示すこと、やらなくても良いことを決めること**です。

まず、「労働時間を削減せよ、でも後は現場でよろしく」という方針では絶対にうまくいきません。本気で労働時間の削減をすると、やるべきでない業務がたくさん出てきます。そして、本当にそれを「やらなくて良いのか」という最終判断は、経営判断として経営層が行う必要があります。

例えば、夜8時以降の客先からの問い合わせに答えなくて良いのか、残業続きでなければ完成しない納期の商品があるような場合どうすれば良いか、などです。極論すれば、この問題は「売り上げが下がってでも労働時間減らしますか?」という選択を迫られるため、まさに経営判断となり、現場では決めきれない部分が出てくるからです。

そうしたとき、深夜の連絡や急を要する業務など、客先からの依頼に対して断らなくてはならないケースもあるでしょう。現場で対応できるならば良いのですが、難しいケースでは経営トップが顧客に対して理解を求める姿勢も必要です。そういった意味で、経営者が「責任を持つ」ということが重要になります。そのうえで今後はやらない仕事・サービスや客先に対して断るラインの設定を行う必要があるのです。

次に、管理職などのマネジメント職において重要な視点を2つ述べます。それは、**①現場の判断に任せきらないこと**と、**②人事考課**です。

まず①ですが、プロジェクトや現場レベルにおいて、業務改善を進めていくわけですが、その中でも「やらなくても良い仕事」はマネジメント職の責任で判断します。これを現場に判断させてはうまくいきません。

もちろんささいなことまで口を出しすぎても良くないのですが、少なくとも「数字は今までどおり上げろ、でも時間は減らせ」という指示では間違いなく失敗するでしょう。そのためには、**「やらなくても良い業務」を自己の責任で判断するマネジメント職の役割が重要**です。

長時間労働は評価基準から外せ

また、②について、人事考課における**評価項目から、長時間労働を「形式的にも、内心的にも」外しましょう**。特に内心の部分です。

正直言って「あいつはいつも残業して頑張っているから偉い」という評価はこれまでよく見られましたし、実感できる人もいるのではないでしょうか。長時間労働で評価するのはマネジメント層にとっては楽な評価方法です。

しかし、本気で長時間労働削減を行うのであればそうはいきません。むしろ、本当の成果や貢献度合い、努力の程度を見る必要があります。これは部下をよく見る必要があるので非常に大変です。まさに、**一人ひとりを適切に「マネジメント」する必要がある**のですが、やはり本気で改革をするのであればここは避けては通れません。

残業削減策として、「ノー残業デー」や「朝型勤務」などの人事施策がみられます。月末の金曜日には午後3時をメドに退社を促し、消費を喚起する施策である、「プレミアムフライデー」というものもあるでしょう（もうほとんど実施されていないと思いますが……）。ただし、これらは「これまで早く帰る習慣がなかった」職場に早く帰る「雰囲気を作る」ためのものにすぎず、あくまで補助的な位置づけとして考えるべきです。企業では本質的な業務改善や体制の再構築をしなければなりません。

そもそも、水曜日をノー残業デーにしても、火曜日・木曜日の残業が増えたり、その分朝早く出勤したことで帰る時間が遅くなるのではまったく意味がありません。これらは根本的な業務効率化がすでに出来ている企業において「今日は早く帰れる」という雰囲気を醸成するという目的で用いるものであり、これらの**制度導入それ自体が目的であってはならない**のです。

労働者の意識も変わらなければなりません。会社が残業するなと言っても、自らタイムカードを切ってサービス残業を続けるという人も実際にいます。会社はいっさい命じてなくてもそれが正しいと思う人たちです。

このような意識は本人としては「良いことをしている」つもりなのでしょうが、その意識が社内に蔓延する可能性もあり、本気で労働時間を削減しようとしている会社からすればいい迷惑です。適切に管理しようとしていても「ブラック企業」と思われかねません。その意味で、労働者の意識自体も変えていく必要があるのです。

長時間労働なき社会とは何か？

労働時間削減が進むということは、業務の効率化が進み、自分がやるべき仕事が明確になっていて、その仕事が終われば帰る、ということです。となれば、必然的に人の仕事は手伝わないことになります。他人の仕事を手伝うことが必要であれば、それ自体を業務として残業可能時間の範囲で命ずるしかないのです。

つまり、**長時間労働なき社会というのは、必然的に昭和の日本型雇用のような無限定職務ではなく、職務が限定されていく方向に働く**のです。

これを踏まえて、経営層・マネジメント層は単に号令を飛ばすだけでなく、具体的な方針を決定し、持続可能な長時間労働対策をする必要があります。

良いか悪いかの問題ではなく、**日本社会が長時間労働を抑制する方向性である以上、会社のあり方も変わらざるをえない**のです。

ただし、必要なこと「だけ」をやっていたのでは業務改善やイノベーションが阻害されることもあります。そのとき意識すべきは、**過去の「ホウレンソウ」よりも「ザッソウ」が大事**という視点です。*

「報・連・相」のうち「報」と「連」は過去の話ですが、これらはどこかのデータを見れば済む話です。一方で「ザッソウ」は雑談と相談です。雑談には日々のちょっとした不満やモヤモヤが詰まっています。

また、なんとなく気になっているけれども、「報告するまでもないか」と本人が思っていることが含まれており、「気づき」の宝庫です。

管理職の皆さんは部下との「ザッソウ」に集中しましょう。

＊倉貫義人著『管理ゼロで成果は上がる』（技術評論社刊）

「残業規制はむしろ迷惑」と考える人々の事情
スキルアップできず割を食うのは若者たちだ

残業規制をされたら「困る人々」はどんな人でしょうか。

といっても、極限まで従業員に長時間労働を強いるいわゆる「ブラック企業」の話ではありません。従業員側の目線から見て、「困る人々」がいるという現実のお話です。では、労働時間規制がなされることにより「困る人々」とは具体的にどのような人々なのでしょう。

残業規制を喜んでいる人ばかりではない

困る人①　生活残業代をアテにしていた人々

「生活残業」という言葉を聞いたことがあるでしょうか。本来、残業とは会社の指示で行うものであり、労働者にとっても、「長時間労働は良くないことだ」という前提で現在の上限規制が行われています。

しかし、これに反する実態もあり、「残業をしたい」と考えている人もいることも事実です。例えば、「先月は飲み会でおカネを使いすぎたな」「来月は入り用だから今月頑張ろう」など、普段より給与を多くもらいたい、という欲求から、自主的に残業を多く行う例が少なからず見受けられるのです。

つまり、労働時間を減らされると残業代も減ってしまうので困る、ということです。

現に、社内の労働組合からも、「今後、労働時間削減により減った月給の代替として増額する手当や残業代相当分を賞与に回すなどを考えてほしい」などと交渉要求を受けている例もあります。

困る人②　日中にスイッチが入らない「5時から男」

また、本来ならば残業をする必要がないのにダラダラと居残って残業をする「ダラダラ残業」という例も見受けられます。日中は仕事をあまり進めず、夕方5時・6時頃から突然スイッチが入ったかのように仕事をするタイプです。

実際に、会社側が無用な残業はしないようアナウンスしていたケースや、具体的に「帰れ」と上司から言われたケースでも、これを無視して残業を続けていた例もあります。

もちろん、ダラダラ残業でも、残業代を意識して行っているケースとそうでないケースもあり、一概に指摘することはできません（家庭不和で家に居たくないから会社に残るというケースすらもあります）。ただ、**少なくとも、労働時間の上限規制がなされる以上、会社としてはこうしたダラダラ残業に対しても対処する必要**があります。

「長時間労働は労働者にとって悪いことだから規制しよう」という議論だけでは実態に即していないことが、この点を見てもわかるかと思います。長時間労働を労働者が自ら行っているケースもあるのです。

困る人③　自発的にクオリティにこだわりたい人

次に、職人タイプの労働者も困る人がいるでしょう。例えばプレゼン資料の作成やシステム開発、動画制作にプログラム等の製作に、「会社から求められる以上に細部にまでこだわりを見せる人」はいませんか？

このような人々も、労働時間規制によって大いに影響を受けます。細部にわたる**「こだわり」を捨てて、最低限のクオリティで妥協せざるをえない場面が増えてくる**と思います。このようなケースのほとんどは、会社が望んでいなくても、本人が望んで、自主的に残業を行っています。これを一律に規制するのが本当に良いことなのか、改めて考えておく必要があるでしょう。

職人タイプの方々は、仕事に対する喜びが失われると、モチベーションが下がる傾向にありますので、労働時間規制により、その後のパフォーマンスが低下する場合があります。

また、このような人は、会社から特に指示がなされなくても、あるいは不必要な残業はするなと指示されていたとしても「よかれと思って」残業をするケースが多いです。さらに「よかれと思って」残業時間として申告しない方が良いと考えている方もおり、会社としては適正に労働時間管理をしようとしても、いつの間にか「サービス残業をさせていた」ような事態になってしまうことすらあります。

困る人④　長時間残業をすることで上司に頑張っているアピールをしてきた人

これは昭和的価値観の職場に多く見られるタイプです。いまだに「上司が残業しているからまだ帰れない」「先に帰るのは心苦しい」という職場は想像以上に多く残っています。そして、部下だけではなく、上司も自分がそう評価されてきたので、「遅くまで居残っているヤツが偉い」と思っている場合がタチが悪いのです。そのようなケースでは、長時間労働をする人ほど良い人事考課がつけられることになり、結果的に長時間労働が周りにも伝播する悪循環となります。

長時間労働削減には評価制度の見直しも併せて必要です。また、評価制度を改めていても、結局のところ「評価されるのは遅くまで居残っているヤツ」という運用になってしまっては意味がありませんので、やはり上司の価値観から変わらないといけません。

困る人⑤　スキルアップをしたいと思っている若い人

多くの人事パーソンから見れば、入社して10年位まではある程度の経験の蓄積が必要であると考えています。もちろん、企業としても研修や教育に相当程度コストを掛けて若い人のレベルアップを図ろうとします。

しかし、新入社員全員が研修や企業が提供する教育プログラムだけで劇的に成長するわけではありません。実際に業務の中である程度負荷のかかる仕事を経験し、これを乗り越える体験が人を成長させると考える人は多いでしょう。

そして、**業務量をこなすことによりスキルアップするという機会が、労働時間規制により徐々に失われていく**ことになります。スキルアップの場も失われる側面があるとすれば、最終的に割を食うのは若者自身です。特に、社会人になってからある程度が経ち、自分の勝負すべきフィールドを見つける過程にある方は、「その分野で頑張る」プロセスを踏む必要があるでしょう。

もちろん、筆者は長時間労働で健康被害が発生して良いとは考えていません。健康対策を行うのは大前提です。

しかし、若い時にある程度スキル・経験を身に着けていないとその先、自由で自律的な働き方が可能となるポジションが手に入りません。これが現実です。

さらに言えば、労働時間の上限規制は、若い世代の二極化を招くでしょう。上限規制により残業が減った分の余暇をどのように使うかで相当な個人差が出てくるからです。空いた時間を有意義にするため、勉強会や人脈構築、スキルアップにつなげようとする人と、単に空いた時間を空費する人の差は10年後・20年後に相当な差となって表れるでしょう。

以前は、会社がある程度の業務量を与えることにより、半ば強制的にではありますが、平等にスキルアップの機会が与えられていたといえます。しかし、これからは**自律的に考えてやる人とやらない人の間の格差が広がっていく**と考えられます。これは「ある意味」残酷なことですが、法律がそうなっているので仕方がありません。

労働時間除外制度の検討を

最後に、今後の政策論として重要なものを挙げておきます。まず、労働者側が「自主的に」「自律的に」自己の研鑽を希望する際の任意性（労働時間ではないということ）を確実にするという観点からは、労働者代表についての議論がさらに行われるべきです。

つまり、労働者代表や多数労組と合意したものについては労働時間の規則から除外するという、ドイツなどの諸外国で見られる制度です。ただし、会社側の圧力で恣意的に使われないように、労働者本人の同意を要件としたり、労働者代表を複数の合議制にしたり、社内10%以上の加盟率を有する労組の意見を聞くことにより、労働時間から除外するための法制は検討すべきでしょう。

繰り返しですが、労働時間規制は健康確保の観点から重要であることに異論はありません。健康被害など誰も望んでいませんし、あってはなりません。しかし、**労働時間の規制で「困る人々」がいるというのもまた現実**なのです。

この現実を見ずに議論をしても机上の空論となってしまうでしょう。「働く」ということはほとんどの人の人生にとって大切なことですから、考えることを放棄せず、一人ひとりがこの問題について深く考えてほしいと切に思います。

働き方改革の浸透により残業は悪いことだという誤った理解も多くみられます。しかし、労働は人生の大切な部分であり、**少なくとも、「労働＝悪いこと」ではないと筆者は考えます。**

これからの日本社会の発展のために何が必要か、国全体として、一人ひとりの国民として、今後の雇用社会を考えたときに、労働することが悪いことであるという社会にしたくはありません。

残業代ゼロは
年収いくらなら良いか。
賃金の公平分配が
問題の本質だ！

フリーランスで働いている人にとっては、「働いた時間ではなく、成果で報酬を決める」という考え方は、当たり前のような話です。しかし、日本の労働法はそのような考え方になっていません。労働法上の大原則は、「働いた時間に応じて割増賃金（残業代）」を支払うことになっているのです。

なぜなら、労働基準法の前身である明治時代の工場法（１９１１年成立）から、働いた分だけ生産がなされるので、割増賃金を払うべきという考え方が変わっていないからです。もちろん、工場（ブルーカラー）においてはその通りなのですが、ホワイトカラーにこの議論は当てはまるのでしょうか。**明治以来変わらないこの考え方は、本当に現代でも妥当性を持っているのでしょうか。**

「高プロ」導入の本質

働き方改革関連法で、「高度プロフェッショナル制度」（以下、「高プロ」）が成立しました。「残業代ゼロ法案」や「定額働かせ放題法案」などと呼ばれ、国会では激しい与野党対立がありました。

この制度は、年収1075万円以上の高所得層で、特定の高度専門業務（例えば、金融商品の開発、ディーリング業務、アナリスト業務、コンサルタント業務、研究開発業務など）の人に対し、労働時間規制を外すものです。

なぜ、いまこのような法改正が行われたのでしょうか。そして、これは野党が主張していたように単なる悪法なのでしょうか。

この点を議論するとき、主に肉体労働を行う工場労働者などのブルーカラーと、知的労働を行うホワイトカラーをきちんと区別して論じるべきです。ブルーカラーの仕事は、働いた分だけ比例的に生産が行われます。そのため、時間に比例して賃金を払うというのは合理的なのです。

一方で、知的労働が主となるホワイトカラーについては時間と成果が見合っていないケースがあるのもまた事実でしょう。

例えば「顧客へのより良い提案を考える」という業務のような場合に、良いアイデアが3時間で思いつくこともあれば、10時間考え続けても思いつかないこともあります。現状の法律ですと、**給与がより多くもらえるのは10時間考え続けていたケース**になりますが、これは正しい評価なのでしょうか。

つまり、**成果と報酬が見合っていない**のです。このような業務であれば、時間ではなく、成果によって賃金を支払うほうが合理的といえます。

さて、**脱時間給の考え方を導入すべき本当の理由は何か**ということについて考えてみましょう。

まず出発点は「賃金原資の総額は限られている」という当たり前の点から出発する必要があります。高年収にもかかわらず成果を生み出さない「働かないオジさん」に多額の賃金や残業代が支払われるとなれば、人件費の総額が限られている以上、そのシワ寄せはどこかに行くことになります。

おそらく、いちばん割を食っているのは「頑張っている若者」でしょう。その意味では、経団連や政府が主張する「時間ではなく成果による貢献」に応じた賃金支払いをするのであれば、若くて頑張っている人にはむしろ有利になる事態が生じます。これを脊髄反射的に「残業代ゼロ法案反対！」と言っていると、**結果的に既得権を得ている人だけが守られるという、歪んだ状態が起きかねません。**

成果を適切に評価する仕組みへと変化が求められる

さらに、脱時間給制導入議論の本当の論点は次の議論にあります。そもそも、これまでの昭和的働き方である**「長時間残業をして頑張っている人」が評価される仕組みから、役割・成果を適切に評価する仕組みへの変化**が求められています。今の法律では、成果にかかわらず、長い時間働いたほうが賃金が多くなる仕組みになっていますが、これを成果によって賃金を支払うように変えようということです。

ただし、成果によって賃金を払うという法律はブラック企業に濫用されやすく、残業代不払いの口実に使われる可能性があります。そこで、脱時間給制の対象は自律的に自らの働き方をコントロールするだけの一定水準の給与を得ている場合に限るべきでしょう。そもそも一定水準の給与を得ている場合、本当に時間比例で賃金を支払うことが合理的なのでしょうか？

労働法の業界では有名な裁判例として、年収4000万円超のプロフェッシヨナル社員が早朝ミーティングに出席していたときの残業代請求をした「モルガンスタンレー事件」[*]というものがあります。この社員は、外国為替等の営業職だったのですが、管理職の立場でもなければ、裁量労働をしていたわけでもなかったため、労働基準法を形式的に解釈すると会社は残業代を支払わなければならないことになります。

しかし、東京地裁は労働者の請求を棄却しました。つまり、残業代請求を認めなかったということです。その理由は、「一定の水準を超える賃金をもらっている人は自律的な働き方をしており、成果が求められるため、時間給をベースにした残業代支給をすることは妥当でない」という考え方を採用したからです。

ここから、高プロ制度の真の論点が浮かび上がってきます。つまり、**「時間で成果を測れない仕事」の年収ラインをどこに設定するのか**という問題なのです。賃金制度の本質は、「公平」であることです。皆が納得しているのであれ

＊モルガンスタンレー事件　東京地判平17.10.19

ばどのような制度であっても構いません。しかし、一定ライン以上の人が極めて高額の残業代をもらうことは「不公平」という評価になります。

では、そのラインは4000万円でしょうか？　3000万円でしょうか？それ以外でしょうか？

もちろん大前提として対象は知的労働などに限るべきですし、健康確保措置を講ずることも当然です。健康被害が出ることはあってはなりません。

しかし、安易に「残業代ゼロ法案反対！」などと叫び、考えることを放棄してしまうと、時間にかかわらない成果に対してどのように賃金を払うのが公平かという問題の本質を見失ってしまうのです。

「裁量労働制」批判だけしても何も解決しない生産性についての本質的な議論を見逃すな

２０１８年初頭、国会では、裁量労働制の不適切データをめぐる首相の答弁が撤回され、裁量労働に対する批判が強まりました。データ問題そのものについては筆者の語るところではありませんが、**裁量労働制から見た日本の労働法制の問題点**を考えてみようと思います。

「専門業務型」と「企画業務型」がある

前提として、現在の労働基準法が定める裁量労働制には、専門業務型と企画業務型の2種類があります。「業務の性質上」「その遂行の方法を大幅に当該業務に従事する労働者の裁量にゆだねる必要がある」専門業務や企画業務がその対象です。

例えば、SEや雑誌編集者、番組プロデューサー、コピーライター、公認会計士、弁護士、建築士、税理士など士業の業務が専門業務に、企画・調査立案・

分析などを行う経営企画・法務・人事などの部署が企画業務に該当します。

われわれ弁護士も、裁量労働制の適用がある専門業務の典型例です。弁護士の業界では、成果で評価を測るのは当然で、**「この仕事に何時間かけたか」というのはあまり評価されません**。そもそも弁護士が依頼者のために成果を出すのは当然のことであり、それに要した時間とは無関係なのです。

法律事務所に勤務し、固定給をもらう若手弁護士のことを居候弁護士（通称「イソ弁」）といいますが、彼らに対して厳密な労働時間管理をして残業代を支払っている事務所がどれほどあるでしょうか。あるにしてもごく少数だと思います。

裁量労働制については、現実には「名ばかり裁量」ともいうべき、怪しい裁量労働制の適用がまま見られるのも事実です。まったく裁量がない若手に適用したり、裁量労働なのに朝の出勤時間を設定したり、適用対象外である単なる営業をさせたりといった現実は確実にあります。しかし、不適切な使い方をするのは良くないという話と、裁量労働制自体の是非とは、まったく別次元の話です。

現在の労働基準法における通常の労働時間制が適用となれば、ダラダラと長く労働した人に残業代が高くつくことになり、「働き方改革」を推し進めて残業を減らし、所定時間で成果を出した人には残業代が支給されないという極めて不公平な結果となります。こうした状況に不満を持っている人は、少なくありません。

そもそも、日本全体として、「時間をかけるのが良いこと」ではなく、「成果を出す」という意識に変わらなければなりません。

例えば、「これから箱根に向かってください」という指示があった場合に「時間がかかったけど徒歩で日光に行きました。辿り着くまでに様々な苦労があり、長い時間頑張ったので評価してください。」というのは違います。

「労働の成果＝労働時間」という文化を改めるべき時代に来ているのです。

第4章　解雇の金銭解決制度のススメ

「ブラッククビ」が
中小企業で横行する理由
大企業の社員だけが
法律で保護されている！

冒頭で「日本の解雇規制が厳しい」という指摘をしました。「そうだそうだ！」と思う方がいる一方で、「本当にそうなの？　クビになることなんて、世の中沢山ある」と思われる方も多いかもしれません。

また、「労働法を守っていたら、会社なんてつぶれる」という言葉を、どこかで耳にしたこともあるでしょう。ある意味でその指摘は両方とも的を射ているのです。なぜなら、**労働法を守るかどうかは、大企業と中小零細企業で実態が大きく異なる「ダブルスタンダード」の状態である**ため、「労働法が厳しい」という感想と「労働法が守られていない」という感想は、どちらも正解だからです。

では、一体なぜこのようなダブルスタンダードが生まれるのでしょうか？　この理由が分かると、現在の労働法がいかに歪み、不公平な状況を作り出しているのかがよく分かります。

現状、日本の労働法は企業側にとってかなり厳しい内容であり、労働者（正社員）には相応の保護が与えられています。しかし、それは主に**大企業を中心とする、「コンプライアンス」意識が高い企業に限った話**なのです。

一方で、ベンチャーを含む中小零細企業はというと（もちろんすべての企業がというつもりは毛頭ありませんが）、労働法の規制を守らないところも多く、中には「ブラック企業」といわれるところもあります。そのような企業の労働者であれば、経営者の意に反するとして突然解雇され、あるいは退職を強要されるという例が実際に後を絶ちません。

大手と中小零細でなぜこのような違いが生じるのでしょうか。代表的な理由として次の3点が考えられます。

取締役が他にいる場合でも、従業員的な立場であることが多く、そうなると社長に意見をするのが難しい場合も多々あります。もちろん、後に述べるように上場を意識すると少しずつ変わってきますが、同族経営や非上場企業にはそのようなチェック機能が働かないことになります。

理由①：社長の暴走を止める仕組みの差

中小零細も株式会社という形態を取っているところが多いですが、株式は社長あるいは社長一族が所持しているというところが多く、実質的にワンマン経営の会社が多く見られます。ベンチャーでも、社長とその仲間で株式を持ち合っているところが多いでしょう。そうなると、社長の意向により物事が回っていくことになり、これに歯止めをかける仕組みがないことになります。

理由②：会社に正式な人事・法務があり、事前に検討を加えている

通常、大企業であれば、社内に法務・人事といった管理部門が存在しており

（株式上場するときの審査項目にもなります）、解雇の検討などをする際には事前にチェックし、顧問弁護士にも相談して意思決定をします。

しかし、中小零細では管理部門は経理・総務くらいしかなく、人事・法務がないという会社も多く見られます。そうすると、社員をクビにするかという判断も実質的には社長が一人でやっている、という会社も多くなるのです。

理由③：大企業であるがゆえのチェック機能

上場企業であれば、株式が市場に出ているわけですから、**株主、ひいては世間の評判というのは重大な関心事**になります。そのため、無用なクビを乱発して、世間の顰蹙《ひんしゅく》を買うということは基本的には避けようとするわけです。しかも有名企業で裁判になればニュースなどにもなり得ます。

反対に、中小零細などで誰も聞いたことが無いような無名企業の場合、ニュースとしての価値も乏しいことから、過労死・過労自殺のケースでもないかぎり、解雇をめぐる紛争が報道される例は多くありません。

そうすると、社会的な評価をさほど気にする必要も無く、そのようなチェック機能は働かないことになるため、「ブラッククビ」が発生するという仕組みなのです。

大企業であれ、中小企業であれ、労働法は同じ

もちろん、大企業であれ、中小企業であれ、労働法は同じです。そのため、違法な解雇は法律上無効になりますので、訴えれば勝てる事例も多数あります。

しかし、問題は、**解雇や退職を迫られた際に「弁護士に頼んで裁判をする」ケースは氷山の一角にすぎない**点にあります。**氷山の一角どころか氷山の上の山の頂点にいるペンギン程度**です。

これは統計上明らかで、日本において、解雇等をめぐる労働裁判の件数はおおむね1年あたり1000件程度・労働審判の件数も1670件程度で、要は、多く見積もっても3000件弱でしかありません。

一方で、厚生労働省の統計によれば、1年間の離職者、つまり会社を辞めた方はおおむね713万人です。

この中の大半とは言いませんが、仮に退職者の1割がブラック「クビ」であるとすれば、71万人、5%であるとしても**35万人が労働法では救われずに（訴訟になるのは年間3000件程度）、「泣き寝入り」しているる**ことになります。

つまり、この「泣き寝入り」状態を解消することが問題の本質なのですが、現状では大企業と中小企業で法の遵守状況に大きな差があります。

違法にクビにされても
法律で救われない現実
「泣き寝入り」撲滅のための
制度を導入せよ

労働法で救われない理由は

一部の人は違法な解雇（いわゆる「ブラッククビ」）をされながらも、泣き寝入りしてしまう現実が、残念ながらあるのです。

なぜ、このような「ブラッククビ」に対して、労働法では救うことができないのでしょうか。その理由を詳しく分析します。理解を深めるため、「ブラッククビ」にあった架空の3人の事例で考えていきましょう。

Aさん・Bさん・Cさんは、いずれも違法な解雇である「ブラッククビ」に遭いました。その理由は深夜にわたるプロジェクトの打ち合わせに残業代が出ないことを3人で社長に指摘したら、「日中関係も不安だし、リーマンショックのように今後の情勢は不透明だ。なのに、お前たちは権利ばかり主張して仕事への積極的な姿勢がない！　もう明日から来なくて良い！」という意味不明なものでした。しかし、その後の対応はそれぞれ違うようです……。

●Aさんのケース（さっさと転職）

「ベンチャーならやりがいがあると思って就職したけど、あんな意味不明なことを言う社長とはきっとうまくいかないな。だったら見切りをつけてさっさと転職してしまおう」

Aさんは早速転職エージェントに連絡。翌週には面接を受け、翌月からは別の会社で働くことになった。

●Bさんのケース（自分で労働局のあっせん申し立て）

「あんな意味不明な理由でクビになるなんて……そんなに簡単にクビにできるのか？　日本の労働基準法は厳しいんじゃなかったっけ？　でも法律のこと

は分からないから、まずはネットでググってみよう……。どうやら、弁護士に頼んで裁判をする場合は、時間もおカネもかかるらしい。弁護士さんの所に相談に行くのも気が引けるし。ほう、『労働局のあっせん』というのがあるのか。無料で早いらしいから、自分でできそうだし、これをやってみよう！」

労働局のあっせんとは、労働局が任命した学識経験者であるあっせん委員が、会社・労働者の両方の言い分を聞き、話し合いを促進することにより、和解などによる紛争の円満な解決を図る制度だ。無料で利用することができ、イメージとしては離婚などの調停に近い。東京の場合、千代田区九段下にある東京労働局で申し立て可能である。

Bさんは、「これなら不当解雇を撤回させられるかもしれない」と少しの希望を抱いて、あっせん期日に臨んだ。しかし、労働局のあっせん委員からは「長く争いを続けても良いことないよ。まだ若いんだから早く終わらせて、次に転職した方が良いから」と説得されてしまった。Bさんは長く争ったのでは転職活動に支障が出ると思い、結局会社から10万円の和解金をもらうことで和解した。翌日以降、Bさんは、失業保険をもらいながら、転職活動に励んでいる。

●Cさんのケース（弁護士を使って裁判）

「今回のクビ発言には全然納得できない。弁護士つけて裁判だ！　たしか法テラスに行けば相談は無料なんだったよな」

法テラスとは、経済的余裕がない人に無料で法律相談を行い、弁護士費用の立て替えなどを行う組織だ。また、労働審判とは、原則3回以内の期日で和解成立を目指し、和解が整わなければ「審判」という判断が下される裁判所の労働紛争解決手続きをいう。

Cさんは法テラスで弁護士に相談した結果、普通の訴訟は数年かかるケースもあるということで、労働審判を申し立てることにした。

労働審判では解雇の不当性を主張した。裁判官の印象は悪くないようだ。ただ、審判委員からは「せっかく会社も話し合いに応じるという姿勢なので、金銭で解決してはどうでしょうか。半年分の給料がもらえれば悪くないでしょう」と説得され、最終的には180万円の和解金をもらい、解雇ではなく会社都合で退職したことにして和解成立となった。

以上のようなケースは現実によくある事例をデフォルメしたものです。これを見たうえで、なぜ、労働法で「救われない」人たちが居るのか考えてみましょう。

制度として金銭的保障があるほうが合理的？

理由1：すでに転職を決めている（泣き寝入りの亜種）

退職を強要されたり、解雇を言い渡された段階で、すぐに会社に見切りをつけて、次の就職を決めてしまう、Aさんのような人たちがいます。このような方は、実態としてかなり多いでしょう。次の就職先が決まっているため、「もめ事を抱えたくない」という気持ちからわざわざ訴えないのです。

本来訴えれば勝てるのに、時間も手間も掛けたくないから訴えずに、「自分の権利を実現できない」というのはある意味泣き寝入りの亜種と言えるでしょう。裁判をする必要がないのですから、**労働法で保護するよりも、最初から制度として金銭的保障が定められているほうが、よほど保護になります。**

再度、現実の数字を見てみましょう。解雇・自己都合退職・会社都合退職などによる年間離職者は約713万人（平成27年雇用動向調査）ですが、そのうち解雇・会社側の強い退職勧奨による離職は仮に1％程度と仮定しても約7万人が解雇等の理由で離職していることになります。0・5％と考えても約3万5000人です。

その一方で、裁判所での解雇裁判・労働審判は、3000件に満たない程度しかありません。つまり、**解雇等で離職したほとんどの人が、裁判手続きを利用していない**ことがわかります。

理由2：純粋な「泣き寝入り」

泣き寝入りと言っても2パターンあります。まったく訴えないケースと、弁護士に頼まずに、あっせんなどで丸め込まれてしまった、Bさんのようなケースです。

まず、まったく訴えないケースとしては、退職強要に応じて退職届を出したり、解雇されても訴えることをそもそもしない場合が多く見られます。これは、「会社と戦う」ことに抵抗感がある人、戦う気力を無くしてしまった人など、様々な類型があるようです。また、Bさんのような例は、本来は裁判をやればもっと和解金を得ることが可能でした。

しかし、早く紛争を終わらせたいという気持ちから、極めて低額でも和解をしてしまうケースも実際に多くあるのです。ブラッククビ事案でも5万円・10万円で和解してしまう*ケースが珍しくないのです。

裁判所での紛争解決であれば、和解金の水準もそれなりに高くなります。しかし、行政手続きになるとかなり悲惨です。

行政による無料の紛争解決手続である「個別労働紛争解決制度」における解決金額は、8割以上の事案で100万円未満です。また、10万円以上20万円未

＊この点はまさに、濱口桂一郎著『日本の雇用終了』に多数の事例が紹介されています。詳細については本書の濱口氏との対談（254頁）を参照

満という非常に低額での解決が、24・9%と最も多い水準*になっているのです。これらのことは、日本の解雇についての偽らざる実態です。

このような「泣き寝入り」を防止するには、「弁護士に相談して、裁判をすれば良いではないか」という意見もあります。現に、より多くの和解金を獲得できるケースはあるでしょう。

しかし、わざわざ弁護士に頼んでおカネを払ったうえ、**時間を掛けて裁判をするのは、依然としてハードルが高い**です。弁護士費用も低額化が進み、法テラスによる立て替えがあるとしても、費用がゼロではありませんし、敗訴リスクもあります。また、裁判も労働審判制度によりかなり早くなった（相談から3カ月〜4カ月程度で解決することも多い）とはいえ、弁護士との打ち合わせや、裁判所に出向く負担も少なくありません。

労働審判制度は比較的早く結論が出ますが、それでも3カ月程度は時間が掛

＊厚生労働省「個別労働紛争解決制度の施行状況」

かります。そして、労働審判で和解できずに裁判となればさらにもう半年・1年と掛かってしまうのです。

もちろん、労働者側の弁護士や裁判所も、できる限り迅速に目の前の労働者を救おうと様々な努力をされています。しかし、**これで救われるのは、わざわざ「裁判をしよう」という意欲を持っている離職者だけ**であって、そもそも戦う意思を失っている労働者を保護することができません。

厚生労働省の労働相談における解雇の相談が4万件弱なのに対し、裁判件数は3000件弱と極めて不釣り合いな現状が、まさにこの点を物語っています。わざわざ「会社を訴えよう!」と思う人はかなり少数であり、氷山の一角どころか、氷山の上にいるペンギン程度のごく僅かな存在なのです。

会社へ戻る「フリ」をする？

理由3：裁判制度にムダが多い

誤解を恐れずに言えば、最も本質的な原因は、**時間もおカネも掛けて弁護士に頼んで裁判するのはムダが多い**ということです。

というのも、日本の労働法においては、解雇を金銭で解決する制度がないため、裁判において労働者側は「解雇が無効である」と主張して会社と争うことになります。そして、仮に解雇が無効となったのであれば、解雇自体が「無かったこと」になるので、雇用契約がずっと残っていたことになります。

そうすると、会社は解雇してから、解雇無効の判決が出るまでの間賃金を払っていませんから、その間の賃金を一括ですべて支払い（バックペイ）、しかも、労働者は会社に職場復帰（復職）することになるのです。

現実に、解雇裁判においてはかなりのケースが金銭和解で解決をしています。しかし、今の制度においては、**会社への復職を求めないと和解金額が大幅に下がってしまうため、戻る気がなくとも会社へ戻る「フリ」をしなければなりません。**

実際に、Cさんのように労働審判を申し立てるケースでは、「実はすでに転職先が決まっている」ということも多く見られます。ところが、和解金を高くするためにはそのことは隠しておく必要があります。

つまり、制度上、仮に転職が決まっていたとしても「会社に復帰する！」という意思を見せなければ、和解金水準が下がってしまうのです。それが真意ではなくとも、また、会社がいかに酷くても、それでも**会社に戻るフリをしなければならない、これが、現在の裁判制度の最大の問題**なのです。

また、手間という意味でも、仮に労働審判で解決せず、通常の訴訟となった場合、地裁・高裁・最高裁まで争うと、解雇された労働者は2年、3年、4年……長い場合、10年近くも裁判生活をすることになります。

その間、労働者は貯蓄を切り崩したり、親族の助けを得たり、労働組合の「カンパ」をもらったり、アルバイトで生計をつないだり、場合によっては転職していることを隠しながら、戦い続ける必要があるのです。

一つの会社でとことん終身雇用を狙うのであればまだしも、終身雇用が事実上崩壊しつつある中で、**果たしてこれは本当に「労働者を救う」システムといえるのでしょうか**。また、そもそも、長年裁判で戦い続けた会社に戻りたいと本気で考えている人はどれほどいるのでしょうか。

これは、「別れたい」と考える夫婦に同居を強制するようなものであり、誰も幸せになりません。

さらに言えば、大企業と中小企業では人員に相当の差があるにもかかわらず、適用されるのは同じ労働法であるため、企業側の対応にも大きな格差が生じるという問題もあります。

つまり、大企業であれば解雇が有効であることを立証するための証拠を人手をかけて集めますが、細かな立証が求められるため、これは中小企業にとってものすごい負担となります。

そこで、筆者は**労働者がより気軽に金銭要求ができるようにするべきだ**と考えています。

むしろ、この方が現に救われる人がいるのです。

一見、労働者の権利を弱めるように見える解雇の金銭解決により、労働者が救われるか救われるかについて、次に詳しく述べたいと思います。

「解雇の金銭解決」は
ブラック企業を撲滅する
救われる労働者を増やすなら
明らかに有効だ

「1社で終身雇用」のリスク

日本において、解雇の金銭解決は政治的にも混乱するテーマであり、議論が進化していない状況です。「左だ」「右だ」と、立場により神学・宗教論争の様相を呈し、「金銭解決ダメ・ゼッタイ」と、是非については考えることを停止している向きも少なくありません。

しかし、**解雇規制の問題は、未来の日本の雇用社会のグランドデザインの根幹となる重要な論点です**。

昭和の時代は終身雇用が当然であり、解雇によって会社から追い出すのは「よほど例外的な場合」でした。

しかし時代は変わり、企業の永続性自体が揺らいでいる今の雇用社会で、終身雇用は当たり前ではなくなっています。

むしろ、解雇ルールの根底にある**「一つの会社で定年まで面倒を見てもらう」**という**発想自体が最大のリスク**にもなっているため、雇用の流動性を高めて労働市場全体での終身雇用を考えるべきなのです。

ブラック企業対策にも

また、「金銭解決論」に対する懸念についてよく挙げられるものとして、「無用な解雇を招く」「和解水準が低下する」「労働者の権利が弱体化する」といったものがあります。

大前提として、人材を蔑ろにする一部のブラック企業を除き、**企業経営は「人」抜きでは語れず、優秀な人材は世界中で獲得合戦を繰り広げている状況**であり、「必要な人材には残って欲しい」と企業が離職防止策に苦心する時代です。

そんな中で**労働者の権利が弱体化したから解雇を乱発するような企業は労働者から見放され、存続し得ません**し、すべきではないと考えます。

これらを前提に、個別的な議論に移りますが、まず**金銭解決は、解雇後の転職をすでに決めている人にとって単純にプラスでしかない**話です。

弁護士に依頼し、裁判所で闘うハードルが高いと感じている人にとっては、金銭的保護になります。特に、解雇された労働者は当面の生活費の捻出にも窮していることが多く、金銭解決によって救われる例は多くみられるようになることが予想されます。

また、「労働者の権利が弱体化する」という懸念についてですが、これは解決金の水準設定の問題であり、水準をある程度高めに設定すれば、企業にとって損失の増加を招くだけの無用な解雇（安易なクビ）は起きないはずです。

「解雇規制はアリかナシか」という単純な議論をする段階からそろそろ脱却

し、「どうやるのが合理的か」という実質的な議論を深化させていくべき段階であると考えるべきでしょう。

次に、解雇の金銭解決の法技術的な問題について述べたいと思います。

大きな論点として、金銭解決の仕組みを利用できるのは労働者側の請求のみによるべきか、使用者も申立て可能かという点があります。

現在、厚生労働省の議論でもこの点が紛糾しているようですが、筆者としてはこの点は実のところあまり重要な論点ではないと考えます。なぜなら、**解雇の金銭解決を導入する最大の目的は、紛争時のリスクについて予測可能性を持たせる点にある**からです。

現状の仕組みであれば、企業にとって最大のリスクは、従業員に支払う「定年までの賃金」となり、外資系企業はこれを「クレイジーだ」と評しています。

この点は、「労働者側のみ請求が可能」であったとしても、少なくとも現状よりも予測可能性が高まることは間違いありません。

なお、ドイツのように、基本的には〈労働者からのみ請求が可能〉としつつ、信頼関係が破綻した場合には使用者からの申立てを認めるという方法も一考に値します。

そして、金銭解決の水準は大企業と零細企業で差を設けるべきです。フランスは企業に10年在籍した場合、大企業なら10カ月分、中小零細企業ならば2・5カ月分を支払う、などと水準に差が設けられております。

金銭解雇の申立ては、裁判上の請求か、裁判以外も認めるかという論点もあります。

本来は、裁判によらずに紛争解決を行う仕組みの導入が求められているため、裁判外での請求も認めるべきと考えます。

裁判以外の請求で、解雇金銭を支払わなければ労働契約が解消されないとすれば、履行のインセンティブも確保できます。その意味では、解雇金銭請求の法的性質は労働契約解消金となるでしょう。

なお、バックペイ（本来支払われるはずだった賃金）との関係も問題ですが、在籍中の未払い賃金は別として、解雇後の金銭は一括して含めるべきです。そうでないと、解雇後の金銭支払いをめぐって紛争が起こり、金銭解決を導入する意味が半減するからです。そのため、解雇金銭とバックペイについては訴訟物が異なりますが、二重請求できないようにする必要があります。

金銭解決の仕組みは、「次の就職」を容易になし得る流動化された社会を前提とするが、例えば妊産婦など性質上「次の就職」が困難な者は対象外とすることも検討すべきです。

最後に、金額設定についてですが、これを複雑なものにしないことです。そのため、基本的には**〈月給×勤続年数〉に応じた係数とすべき**で、裁判所の裁量は少なくすべきです。

弁護士が「解決金相場をつり上げづらくなって困った」と嘆いている場合ではありません。本当に解決すべき問題は裁判の中にはないのですから。

悪いイメージが先行しているが…

労働者は、より気軽に金銭要求ができるようにするほうが救われるという現実があります。

「解雇の金銭解決」というと、まるで少々のおカネを払って企業が自由に解雇できるかのように聞こえるかもしれませんが、実態はまったく違うのです。ここでも、事例を挙げて、解雇されたときの登場人物の心の動きについて考えていきましょう。

先ほどの事例でAさん、Bさん、Cさんは、いずれも違法な解雇である「ブラッククビ」に遭いました。もし、解雇の際に金銭がもらえる制度があったらどうなっていたでしょうか？

①すでに転職を決めているAさん

まぁ、あんな社長のところではどうせまた別の問題が起きただろうし、転職も決まったから切り替えて行こう！　あ、そう言えば、最近、解雇されたらおカネ貰えるようになったんだっけ。結局、勤続年数に応じて3カ月分の給料額である70万円をもらえたから良かった良かった。

②労働局のあっせん申立てを決めていたBさん

もう疲れちゃったな。わざわざ裁判するのも大変だ。あ、でも最近は解雇されたらおカネもらえるんだ。労働局のあっせんじゃあ、10万円くらいしかもらえないってどっかの本にも書いてあったしな……。結局、勤続年数に応じて半年分の給料として180万円もらえたから良しとするか。

③裁判で戦おうとしていたCさん

裁判で争ってやる！……と思ったけど、どうやら最近は解雇されたらおカネもらえるらしいね。勤続年数も15年だし……10カ月分！　２５０万円ももらえるのか！　それだったら、裁判までやらなくて良いかな。

以上のように、仮に「解雇を金銭で解決できる」という制度があった場合、確実に救われる人たちがいるのです。

「救われる人たち」とは、具体的には以下のような属性の人たちです。

具体的にはこのように救われる！

①すでに転職を決めている人にとっては、単純にプラスでしかない

Aさんのケースでは、もともと会社と戦うつもりもなく、次の転職先も決ま

っています。これに加えて金銭がもらえるということであれば、困ると考える人は誰もいないでしょう。

②弁護士をつけて裁判所で戦うハードルが高いと感じている人には、むしろ金銭的保護になる

弁護士を探して、費用を払って、面談を何度もして、裁判所に何度も行って、主張する書面の打ち合わせをして、証人尋問のリハーサルをして……裁判は手間が盛りだくさんです。

もちろん、トコトン戦うことをいっさい否定するつもりはありません。しかし、「そこまでしなくても……」と思う人が一定数いることは間違いありません。

そんな場合に、「裁判をしてもしなくても」金銭補償を得られるようになれば、**もう戦う「フリ」や裁判に、時間や手間をかけなくても良くなるのです。**

③弁護士をつけて裁判をしたとしても、労働審判や和解で解決するのであれば

同じ結論であり、むしろ簡易迅速化する

実務的に多く見られるのは、労働審判や訴訟の中で、「和解」で終わらせることです。和解による解決は、「通常の退職を認める代わりに金銭を支払う」というものです。特に労働審判だと、8割は和解で解決しています。

その現状からすれば、むしろ同じ水準での金銭解決が、裁判を通さずにできるようになれば、**単純に手間が減るだけの話になります。**

④「あっせん」など、裁判外の手続により低額で解決している人にとっては、金額が増える

労働局の「あっせん」手続において、不合理な解雇理由にもかかわらず、10万円程度の極めて低額な和解がなされているリアルな現実があります。

このように低額で和解をしてしまっている人たちにとっては、**単純に金銭解決制度によりもらえる金額が増える**わけですから、間違いなく保護になるという皮肉な現実があるのです。

⑤安易なクビはむしろ減る

金銭解決の実効性を高めて確実に履行されるようになれば、解雇に伴う会社の出費は増えることになり、むしろ安易なクビは減ると考えられます。

ここでの**ポイントは、「実効性を高める」ということ**です。金銭解決制度を入れても金銭支払いがなされなければ「絵に描いた餅」であり意味がありません。そのため、労働局や労働基準監督署が権限を持って、勤続年数に応じた金銭の支払いを命ずる（あるいは立て替え払いをする）ことができるようにすることが重要です。

このようにすれば、簡易・無料・迅速かつ強制力があることになるので、実効性は高まるでしょう。ポイントは[*]、「解雇予告手当の支払い」のような労働基準法上の義務あるいは雇用保険からの立て替えなど、確実に支払われる仕組みにしてしまうことです。

＊この点の詳細は本書の濱口氏との対談を参照

⑥ブラック企業対策の最も効果的なものになる

現実問題として、違法なクビを連発しているブラック企業にとっては、金銭解決制度を導入して欲しくないでしょう。なぜなら、**これまで泣き寝入りしていた労働者が金銭補償を求めるケースが多くなる**からです。

また、違反があれば労働基準法の規制のように罰則があるとすると、**違法なクビを連発している企業は生き残ることができなくなる**のです。

さらに、副次的効果としては、転職を行う人が多くなって離職のハードルが下がることにより、ブラック企業を辞めることに対して抵抗感がなくなり、新たな転職市場が形成されるという点も挙げられます。正直に言って、ブラック企業対策の最も有効な手段は「戦う」ことではなく「嫌だから辞める」を労働者全員が実行することです。**人がいなくなればブラック企業は存続し得ません。**

「金銭解決」を嫌がるのは、ブラック企業だ

このように、解雇の金銭解決により救われる人たちがいるのは明らかです。むしろ、これに反対しているのは、コンプライアンスを重視して無理な解雇をしない大手企業で「解雇規制に守られている」人や、違法なクビを連発するブラック企業自身でしょう。このような人たちは（皮肉な意味で）「今の労働法に守られている」既得権者ですから、「今の労働法」の制度が変わるのを良しとしないのです。

もちろん、今の解雇規制でも、あるいは金銭解決を導入してもどちらも好ましくないと思う人もいるでしょう。ですが、**問題の本質は「本当に保護される**

労働者の数が多くなるのはどちらか」ということです。

日本の場合は、解雇の金銭解決は政治的にも混乱するテーマであり、議論があまり進化していません。解雇規制の問題は、日本の雇用社会がどういった将来設計をするかというビジョンを示す重要な論点です。

そうであれば「アリかナシか」という単純な議論ではなく「どうやるのが効果的か」という実質的な議論を深化させていくべきです。

「雇用する」ことのインセンティブを整える必要がある

ただし、解雇の金銭解決だけで全てがうまくいくわけではありません。社会保障としての失業保険制度、職業訓練によるスキルアップの拡充も併せて必要です。また、何より、**解雇金支払いの実効性を確保しなければなりません**。

金銭が支払われない解雇が横行したのでは、今と何も変わりません。行政による取締りや行政が肩代わりして金銭を支払い、会社に徴収するような仕組みを構築すべきでしょう。

さらに、解雇論のみならず、「雇用する」ことのインセンティブを整える必要があります。海外の事例ですと、イタリアでは解雇の金銭解決を導入した際、社会保険制度もセットで変えたようです。

新規採用や雇用継続により、助成金の支給や社会保障費の会社負担分免除のインセンティブを与え、逆に解雇の場合はこれらを増額するなど、安易な解雇はかえって損をするという税制・社会保険制度を構築するのです。

また、雇用の流動性を妨げている退職金税制優遇（個人積立型への移行）や年金制度（転職や起業すると年金が下がる）仕組みも見直すべきでしょう。

労働法のみならず、他の制度との関連で安易な解雇は経済合理性がないと判断するような法制にすることが重要です。

金銭解雇は乱発すべきではなく、一部の深刻なミスマッチに限るべきだということを制度的に明示すべきなのです。

「解雇の金銭解決」が奏功したイタリアの実状
類似した社会構造を持つ日本は多くを学べる

日本と同様に厳しい解雇規制が存在したイタリア

筆者が所属している第一東京弁護士会・労働法制委員会では、2016年、イタリア労働法の現地調査を行いました。**イタリアは、電車やバスや飛行機がよくストライキをするように、労働組合の活動が活発で欧州の中でも労働法が厳しい、労働者に有利な国でした**が、そのイタリアで労働法改革が行われました。少子高齢化や経済の低迷など、イタリアと日本の置かれた状況には共通点が多く、イタリアの労働法改革は日本にとっても有益な示唆に富んでいます。

もともとイタリアの労働法は、日本と同様に厳しい解雇規制が存在しました。解雇が認められない場合、解雇が無効となって労働者が元の会社に復職することになり、しかも復職が認められた場合、解雇してから復職するまでの賃金（バックペイ）を支払わなければならないのです。この点は、今の日本も同じです。

しかし、イタリアでは２０１６年より、一部の差別的解雇を除き、**原則として解雇は金銭で解決できるようになりました**。金銭解決の水準が最低2カ月から最高24カ月となり、手当の計算は勤続1年につき2カ月分です。

イタリアでは、ひとたび就いた仕事は一生のものという考えが社会に強く根付いており、労働者の解雇は企業倒産などの場合を除き、原則として禁じられてきました。そもそも、「働く」ということの価値観は社会の制度や人々の考えに深くかかわっているものであるため、**経済危機においても労働市場規制改革に着手することなく放置されてきた**のです。この点も、日本と非常によく似ています。

そのため、イタリアでは、**一度就職した労働者が転職する割合が非常に低く、硬直的な労働市場となっていました**。その弊害として、失業率が非常に高くなり、特に若年層については約40％もの高水準となっていました。スペイン、ギリシャに次いで、ポルトガルとほぼ同じという高い水準の失業率は、社会不安に繋がりうる厳しい事態です。

これまでの厳しい解雇規制では、企業にとってコストの見通しが立ちません。特に日本企業を含む外資系企業（当然ですが、日本企業はイタリアからみれば外資系です）にとっても、例えば新規事業展開を狙ったとしても、事業に失敗した場合の解雇が難しければ、最終的にその事業にかかるコストを見通すことが困難であり、そもそもの投資に二の足を踏む企業が多くなってしまいます。

また、イタリアでは、労働訴訟に時間[*]がかかっていました。そのため、仮に判決で解雇無効となった場合、バックペイの支払いが数年分にも及び、膨大と

＊2～3年程度。平均1200日という話もある

なるのです。

イタリアは日本と同じく中小企業が中心で、高額の支払いを課せられると倒産リスクが大きくなること、海外企業にとってコストの見通しが立たないことが問題とされてきました。

そこで、**解雇に対する考え方をシンプルにする必要があることから解雇規制緩和に踏み切りました**。特に、外資系企業にとっても、雇用者側が投資リスクを見積もれる（確実性を持つ）ようにすることが重要ですので、極めてシンプルな制度が望まれました。そこで、大幅な解雇の金銭解決制度（勤続年数に応じて最大24カ月）を導入したのです。ただし、差別的（不当労働行為、マタニティハラスメントなど）解雇は禁止とされています。

労働市場全体で雇用維持を考える

経済改革をするには、雇用の問題が最重要課題です。そして、**雇用問題の1丁目1番地は解雇問題**です。その際のベースとなる考え方は「フレキシキュリティ」[*]と言われるものです。

この考え方は欧州で以前から提唱されている考え方で、その要点は、個別企業での労働については労働者保護が弱まるが、逆に労働市場全体においてみれば労働者の保護を強める、というものです。

単純に**「解雇規制緩和は労働者の権利を侵害するものだ！」などと表面的な議論にとどまっていないことが、最重要ポイント**なのです。

つまり、**労働者の保護はひとつの企業が終身面倒をみるのではなく、労働市場改革をしつつ労働市場全体で、社会全体で終身の面倒をみるという発想**です。

言うまでもなく**解雇規制緩和最大の弱点は、労働者保護が弱まる点です。**

しかし、これは個別企業での話であって、**労働市場全体でみたときには決し**

＊フレックス＋セキュリティの造語

て保護が弱まっているわけではないという政策を実施することが大事なのです。具体的にイタリアの例を見ますと、ハローワーク機能の強化により新規雇用先を探す労働者の支援を手厚くすること、失業手当の拡充、労働基準監督署の強化などです。ただし、注意点としては、労働市場改革のみでは新たな雇用の発掘には繋がりませんので、税制・社会保障・経済政策をセットで行うことが必要となります。

この点は、筆者がイタリアへ現地調査へ訪問した際に、労働省の担当者が何度も強調していました。つまり、市場の状況に即した経済対策により雇用のパイを増やしたうえで解雇規制改革をセットで行うことがポイントでした。

また、税制・社会保障費の観点から、雇用増・維持を行った場合のメリットを与えることも重要です。**「安易な解雇は経済的に損」**とすることにより、本当にミスマッチで多少の金銭を掛けてでも解雇したいケースに絞らせるような政策を採っていました。仮に、**解雇規制緩和がなされたからといって、安易な解雇をし続ける企業は、国内市場からの信任を得られない**でしょう。

イタリアからみれば「外資」である日本企業にとっても、実際に解雇規制緩和の影響が大きく認められています。特に、ロンドンや日本に本社機能を置くグローバル日系企業の場合、新規投資を行う際に、人員コストを含めてコスト見通しを説明しやすいのが大きいようです。

イタリアでは採用面のコストリスクが大幅に低下したので、**「今後は新規事業に積極投資できる」**と語っていたのが印象的でした。日本企業を含む外資系企業にとっては、おおむね好印象の改革です。

また、実際に現地の日系企業にヒアリングしたところ、解雇の金銭解決制度があるからといって、無用な解雇は一切しないそうです。無用な解雇を乱発すれば、労働者の反感を買うため、モチベーションが下がり、結果的に生産・業績等に悪影響が生じます。

そのため、**解雇をする場合でも、労働者に理解を得られるようにできるかぎり説得する**というイタリア文化に根差した改革姿勢が、極めて日本的でかつイタリアにもフィットしていました。

一つひとつの企業ではなく、労働市場（社会）全体で雇用維持を考えるという発想は、日本でも広く共有されるべきではないでしょうか。終身雇用・年功序列が崩壊し、名だたる企業でもリストラや経営統合の話が絶えないこの激動の時代にあって、**ひとたび安定した正社員に就けば一生安泰であるという考えは、現時点ではほとんど「幻想」に近いといえる**でしょう。

そうした考えが根強いかぎり、若い人や経験が浅い人、非正規雇用者たちの仕事の機会が増えることはありません。高度経済成長期の終身雇用はもはや「幻想」なのですから。

もはや正規・非正規という対立の時代ではない

現代の世界では、AIの進化、ビッグデータの活用、ＩｏＴ発展をはじめ、不確実性を増す世界情勢などから、仕事自体の存在、存続性が限りあるものになっています。

これはグローバル化・テクノロジーの発達によりもたらされる必然であり、「良いか悪いか」という好みの問題ではありません。

そうであれば、限られた仕事の機会をいかに公平・公正に分け合うかが重要となります。そして、**労働者はどこの会社に所属しているかではなく、**[*]**何のスキルがあるかが重要**になります。

＊詳細については森本千賀子氏との対談（265頁）を参照

もはや正規・非正規という対立の時代ではないのです。

このような話し合いは、堂々と国会で議論されるべきだと考えています。日本では「解雇規制緩和ダメゼッタイ」というところで議論が止まってしまっているのが極めて残念です。

最後に、イタリアの労働法改革に大きく貢献したマルコ・ビアッジ氏という労働法教授の話をしたいと思います。氏は労働法学者としてイタリアの硬直的な労働法を改革すべきであると唱え、実際に政治家となり活動し、改革を進めていました。

しかし、改革が実現するかという段になって左派系テロリストにより暗殺されてしまうのです。その後、彼の遺志を継ぐ労働法教授や協力者が「マルコ・

ビアッジ財団」という財団を作り、労働法改革の活動を継続することにより、2016年の労働法改革が結実したそうです。日本においても、解雇規制改革について、表層的な議論だけで終わらせてはなりません。

筆者もイタリア労働法改革の旗手であるマルコ・ビアッジ氏の遺志を日本においても継承したいと思い本書を執筆しています。

写真はマルコビアッジ財団のモチーフ。氏は自転車に乗っているときに暗殺されたが、彼の遺志を継ぐ自転車がライトで未来を照らすイメージでデザインされている（筆者撮影）。

最終章　「雇用改革のファンファーレ」
～4つの視点から～

これまで見てきたように、現在の日本型雇用は過渡期を迎え、変革が必要な時期に来ていることは間違いありません。ですが、どのように改革すべきなのかについてはあまり議論されていないように思います。

そこで、最後に、今後の雇用社会はどの方向に進むことになるのか、進むべきなのかについて検討していきたいと思います。その際、①雇用社会、②法律・国家制度、③企業、④「働く人」自身はどのように変わるべきかという4つの視点から、改めて述べてみたいと思います。

●視点1　これからの雇用社会はどうあるべきか

まず、重要なのは、雇用の流動性を高めることです。**「イヤなら辞める」**が**最高のブラック企業対策**であるように、より良い職場環境を揃えた会社が多くあれば、転職が容易になります。一つの会社自体は今後将来何年存続するか分かりません。そのとき、**一社で終身雇用ではなく、社会全体で終身雇用**という観点から、転職がもっともっと当たり前になり、2~3回転職することも珍しくないという世の中である方が、かえって雇用は強くなります。

また、「流動性を高める」ことの効果は転職だけに留まりません。**働く、学ぶ、家庭生活をする、この行き来を自由に「選択」できる**ということがポイントです。

2007年に生まれた子供のうち、半分以上は100歳を超えるという推計結果もあるように、「人生100年時代」と言われています。そうすると、60歳で定年しても人生はまだ40年あることになります。

その中では、60歳まで働いて後はリタイア、ではなくて、ライフステージに合わせて雇用・学び・家庭生活の行き来を自由にできる選択肢を増やすことが重要となります。

20代・30代前半は働き、30代後半は家庭に入りながら学び直し、40代でまた仕事に戻り、60歳からまた大学院に入り、生涯のスキルを持って働く、そんな**人生設計を人それぞれに選択できるようになることこそが、これからの働き方**（生き方）であろうと思います。

この人生設計はあくまで一例ですが、「人によって違う」というのがポイントです。**良い学校を出て、良い会社に入り、家庭を持って、定年まで働くというロールモデルを皆が目指すべき時代ではもうない**のです。

一人ひとりが違った答えを、自分自身で「選択」することそれ自体に価値があると考えます。その意味では、生活の基本となる「働く」ということがもっと自由でなければなりません。時には働き、時には学び、家庭も大事にする、このサイクルこそが重要です。

ただし、自由な働き方を目指すと切っても切り離せないのがデジタル労働です。ドライバーと利用者をマッチングする「Ｕｂｅｒ」のように、テクノロジーを利用して、「働く」ことのマッチングが容易に実現可能な社会になる可能性が今後生じるでしょう。

そのとき、労働法は我々を守ってくれるのでしょうか。 労働法は労働契約（雇用契約）を締結した労働者が保護対象です。しかし、「Ｕｂｅｒ」化するデジタル労働においては、それは労働契約なのか？　そもそも雇用主は日本にいるのか？　お客さんとの関係はどうなるのか？　報酬未払や一方的引き下げは認められるのか？　残業代は？　など、様々な問題が生じ得ます。

労働法は誰を守るのでしょうか。労働者のみでしょうか？　労働と請負（業務委託）の垣根が融解する中で、労働法はどうあるべきかという点は世界各国で議論されています。

筆者が2018年にシンガポールのナショナルユニオン（日本で言えば連合）を訪問した際、シンガポールのユニオンの方は、「確かにデジタル労働は労働者ではないかもしれない、しかしワーカーである。働いている以上は、労働組合としては手を差し伸べる」と言っていたのが印象的でした。

雇用契約ではないとしても、「働く人」であるという意味では同じことなのです。

そのため、これからの雇用社会を考えるに当たっては、デジタルワークとの付き合い方というのも切り離せない問題となります。

場当たり的な改正ではなく、新時代のデジタルワークと真正面から向き合いながら、未来の雇用社会のビジョンを示し、新たなグランドデザインを描く必要があるのです。

●視点2　法律・国家制度はどうあるべきか

次に、新しい時代の雇用社会の基盤となる、労働法のグランドデザインが必要です。まず最初に、**労働法は誰を守るのかという再定義が必要**でしょう。

「Uber」化するデジタル労働の問題、フランチャイズオーナーの過酷な労働実態、フリーランスに対する法的保護など、「労働契約」ではないが、「働く」人たちへの保護をどうするかという問題は避けては通れません。

ドイツやシンガポールなど諸外国ではこの議論が進んでいるにもかかわらず、日本ではほとんど進展していないことが気がかりです。

明治時代に工場法として出発した労働法も、**第四次産業革命とも言われるデジタル革命時代において、改めて労働法保護領域を含めた再定義がまずは必要**

になります。また、国を超えた労働紛争（デジタル労働における使用者的な立場の者（マッチング主体）は国内にいない）について国際的な解決枠組みをどう構築するかも重要となります。

その際、労働組合の立場も明確にする必要があります。「労働者」が加入するのが労働組合であるとすれば、労働者ではないデジタルワーカーなどは労働組合として扱うのか、それとも協同組合のような組織を作るのか、業界団体を作るのか、**デジタルワーク時代の集団的労使関係のあり方も再構築する必要**があるでしょう。

さて、個別の法律でいえば、**改革の一丁目一番地、本丸は労働契約法16条の解雇規制の問題**です。前述のとおり、解雇の金銭解決はブラック企業対策の最たるものであり、単に転職する人にとってはプラスでしかありません。

また、争いたい人にとっても、ムダな紛争期間・感情の浪費・弁護士費用の支出を避けるメリットがあります。

具体的な金額設定は本書の検討範囲を超えていますが、一つだけ言えることは**安くしすぎないこと**だと思います。これにより、**無用な解雇はかえって損ということが定着する**でしょう。

さらに言えば、金銭解決ですから、金銭が支払われないと意味がありません。「ブラック企業がまともに解雇の金銭を払うのか？」という疑問もあるでしょう。

そこで、解雇の際の金銭については、第一義的には企業が支払い、一定期日をすぎても支払われない場合は、国が立て替え払いをすべきと考えます。そうすることにより、解雇金銭を請求する裁判上の手間が省けます。そして、国は立て替えた金銭に利息を付けて、雇用保険などから徴収すれば良いでしょう。

現在も、企業倒産により賃金が支払われないまま退職した労働者に対しては「未払賃金立替払制度」という制度があります。このイメージで、解雇金銭の支払を確実に補償されるように制度をデザインすることにより、泣き寝入りや数年にわたる裁判をすることなく「安心して辞められる」ことができるようになるでしょう。

よく、「解雇の金銭解決を認めると労働者の権利が低下する」「クビが頻発し労働者の使い捨てだ」などと言われることがありますが筆者はそうは思いません。流動化された雇用社会においては労働者に一斉に辞められてしまうことが企業経営上最大のリスクとなります。

そして、前述のように**安くない額の解雇金銭支払水準を設定するのであれば、無用な解雇は発生し得ない**でしょう。

実際、「解雇フリー」なアメリカを除き、EU諸国、アジア諸国（韓国を除く）でも解雇の金銭解決は導入されており、合理的な制度であると考えています（妊産婦など転職しづらい層に対する保護は別途検討する必要があるでしょう）。

ちなみに、解雇金銭の支払は転職がすぐに決まらない際のセーフティネットにもなります。現在の失業保険に加えて、纏まった額の金銭が支給されるとすれば、腰を据えて転職活動を行うことが可能でしょう。さらに言えば、**失業保険も解雇の場合は手厚くするなどの拡充を行うことにより、労働移動における労働者の負担を大幅に減らすことが出来ます**。

一方で、解雇の金銭解決を「出口戦略」であるとすれば、**採用を積極的に行うための「入口戦略」も必要**となります。流動化した雇用社会を実現するためには採用市場が積極的であることが重要です。

そのため、企業に対して採用インセンティブを与えることにより、「入口」の枠を広げることをセットで行うべきでしょう。

実際、近年解雇の金銭解決を導入したイタリアでも、新規採用には社会保険料・税制などの負担軽減措置をセットで実施していたそうです。

また、出口と入口との間の「踊り場」戦略、つまり再就職支援の拡充も必要でしょう。スキルの見える化、スキルの再開発、能力訓練により、より転職の範囲を広げることが重要です。

さらに実務的な話ですが、失業無き労働移動という意味では、「出向」(労契法14条)を再活用するべきと考えています。出向はグループ会社での企業間人事交流などに使われていますが、実は法律上、どんな場合に出向が可能かについてはどこにも書*いていないのです。

これは、労働契約法制定時に、出向できる場合を定めると濫用される危険性があるなどとして明記されなかったものですが、この範囲を広げることにより、例えば大企業の身分を有したまま、ベンチャー企業やNPO、政府機関や地方産業などに堂々と「レンタル移籍」のように「出向」として働き、経験を積むことができるようになるでしょう。

＊労契法14条では「使用者が労働者に出向を命ずることができる場合において」との定めがありますが、どんな場合に出向できるかについては明記されていません

もう一つ、重要な視点としては、個別労使関係の問題に加えて、**集団的労使関係、つまり、労働組合のあり方です**。企業と労組は立場が違うだけで、企業の成長という意味では同じ方向を向いているべき存在であり、戦うべき存在ではありません。仮に倒してしまったら共倒れです。

新しい時代の労使関係を考えるときに、労働組合の権限強化を避けては通れません。例えば、「社内労働者の半分」あるいは「4分の3」を超える労働組合には、特別多数労組として、労働条件変更の承認権限（承認すれば不利益変更の問題にはならない）や唯一交渉団体としての立場を与えることにより、労働組合の立場は強化されます。

労働移動が活発になり、個人としての労働者が際立つ時代であるからこそ、労働組合の存在意義もまた重要であると考えます。

特別多数労組制度などにより労働組合勢力が再興してくると、本当の意味での同一労働同一賃金が実現し得るでしょう。

現在の日本の同一労働同一賃金制度は、法人単位であり、産業横断的ではなく、同一労働であっても責任の差によりいかようにでも手当可能であるため、本当の意味のそれとはかけ離れた独自の制度になっています。労組の力が再結集し、産業別の組合が存在感を示すようになれば、EUのように産業横断的に同一労働同一賃金を検討する土壌が出来上がるでしょう。


現在も働き方改革関連法案による労働時間の上限規制や、年次有給休暇の年間5日取得義務など、種々の法改正が行われています。

労働基準法が特徴的なのは、単に企業の義務を定めるだけではなく、刑事罰があることです。これにより、法遵守を期待している訳ですが、最近では良くなってきたといいつつも、まだまだ労働法の遵守状況については「やっているところ」と「やっていないところ」の差が非常に激しいというのが現実です。

しかし、正直者が損をする社会であっては誰も法を守ろうとしません。そこで、労働基準監督署を拡充し、確実な取り締まり体制を構築することは、労働法を遵守させ、新しい雇用社会を作る上でも必須となります。

例えば、税金問題であれば、脱税すると税務署に見つけられ、手痛いしっぺ返しを受けます。ですので節税はすることはあっても脱税はほとんどの企業がしないでしょう。このように、税務署並みの調査・監督体制を構築するために、監督署の人員拡充が求められます。

最後に、法律・社会制度という意味では、労働法改革だけに限られません。例えば、転職を困難にさせる要因としては、「転職したら退職金が満額もらえない」「企業年金が削減される」という理由もあります。そのため、退職金優遇の税制や企業年金が企業ごとに異なる現在の仕組みを改め、**どこで働いても、起業しても、フリーランスであっても、一定額を積み立てることによる将来の**

所得補償という社会保障制度に改める必要があるでしょう。

さらに、いわゆるパート・アルバイトなどの103万、130万円の壁とも言われる所得制限なども、働こうとする意欲を失わせるだけですので、改革すべき対象です。

●視点3　企業はどうあるべきか

企業という視点では、これまで日本型雇用における、長時間残業、全国転勤、職種無限定に耐えられる、「家庭のことは奥さんに任せて、仕事に集中する」といった同質的（同じような）労働者のみでは、人口減少社会においてもはや企業活動は成り立ち得ません。育児・介護・病気を抱える人・外国人等様々な事情を抱える多様な社員を採用していく必要があります。

そのため、多様性を前提とするマネジメント、つまり、同質性を前提とする同じような人たちを前提としたマネジメントからの脱却が不可欠となります。

必要なものは企業ごとに異なりますが、要は**従業員価値を最大化するために、働く環境を整える施策を常に検討することが肝心**です。その際は「法律論」と「人事マネジメント」は別の視点であると考えた方が良いでしょう。

例えば、法律的に転勤を命じることができた場合であっても「マイホームを買ったばかりなのに！」「保育園が決まったばかりなのに！」と労働者の反発を買うと、採用市場でも大きなダメージを受けます。

転勤は本当に必要なのか？　という視点から、転勤する人・しない人が公平な負担で処遇を受ける人事・賃金システムが必要になるでしょう。

このような人事対応は法律論というよりも「戦略」です。つまり、**人事は法律に則って単に手続きを行う部署ではなく、企業のビジネスを理解し、戦略的に施策を考えていくことが求められているの**です。

そのためのリソース（人手）を確保できている企業がどれほどあるのでしょうか？　「戦略人事」をやる企業とやらない企業では、これからの時代、相当の差が出てくると考えます。

また、テクノロジーによる変革を受け入れる姿勢が必要です。例えば採用場面では2020年には採用に関する経団連の指針も廃止されます。今まで、経団連の自主的ルールにより、「就職活動解禁」「一斉内定式」など、一律に行っていた採用活動が、徐々に個別的になっていくでしょう。そこで起こるのは、採用の長期化、多様化、個別化です。大学1年からのインターンや長期インターンによりお互いにじっくりと適性を見極めて、ミスマッチを防止することなどが望まれます。

しかし、そうなると採用の工数は増えていくでしょう。

そこで、テクノロジーの活用です。エントリーシートのAI分析はすでにもう始まっています。**テクノロジーにより効率化すべきところは効率化し、人間がすべきところに工数を掛ける、というのがこれからのあるべき姿でしょう。**

一方で、前述したように新卒一括採用が全て悪いというつもりもありません。一時期にまとまった学生をまとめて選考するということは、通年採用のみの会社に比べれば、効率的な面もあります。また、社会全体としてみても、新卒採用は若年失業率の低下に大いなる役割を果たしています。大学卒業即失業とならない日本は平和であるといえるでしょう。

しかし、新卒採用「だけ」では多様な人材を獲得できないのです。そして工数が増えた分の負担はテクノロジーで解決しましょう。

人事マネジメントという意味でも、昭和の時代の同質性を前提とする一律のマネジメントという時代ではありません。極めて個別的マネジメントが求められ、課題も企業ごとに異なります。そのため、書店等で「働き方改革完全対応！」という人事規程集を買ってきて、**人事制度をそのまま真似て作れば良い会社になるわけでもない**のです。

さらに、人事マネジメントにおける様々な場面、例えば、先にも述べたように転勤のあり方、賃金の払い方、非正規雇用の処遇、管理職登用、降格のあり方についてですが、重要なのは納得感です。全従業員が納得するのであれば「○歳になったら基本給○万円」という年齢給であっても構わないのですが、それで多くの社員の理解は得られないでしょう。そのため、SNS時代に社会的に受け入れられるか、グローバルではどうかという点を含めて、納得する制度を考える必要があるのです。

中長期的に見れば、基本的には仕事や能力・スキルにより評価していく方向になるでしょう。ただし、新卒のポテンシャル採用については例外です。新卒採用して10年程度はポテンシャル評価でも良いと思いますが、その後は専門化するコースと一般職的なコースに分かれ、専門職はその仕事に見合った賃金、一般職的なコースはそれに見合った賃金となっていくでしょう。

もっとも、組織のあり方は組織ごとに異なります。前述の賃金制度が全てではありません。最も重要な視点は、**会社の方向性を示し、従業員と対話をし、能力を発揮するための土壌を作る努力をすること**です。

そして、対話の結果、折り合わなければ企業から離脱してもらう、あるいは労働者が自ら離れていくしかありません。雇用が流動化した社会ではそれが可能になります。**お互いにミスマッチのままイヤイヤ働き続けてもそれは幸せな結果を生まない**のです。無理して1つの会社にしがみついたり、無理矢理会社に引き留めたりしても良いパフォーマンスは発揮できないでしょう。

今後、労働力人口が減っていく中で、**個々の従業員のパフォーマンスを最大化し、テクノロジーを活用し、会社としての戦力を最大化できるかどうかは会社の人材マネジメントに掛かっています**。働く環境を良くするという意味での働き方改革に終わりはありません。

その意味で、これからの人事の役割というのはものすごく重要です。人事は単に手続をする部署ではないのです。

人事こそ経営戦略そのものなのです。**戦略的人事のない企業に未来はありません。**そんな重要な部署に配属された人事の皆さんはチャンスです。

また、経営者の皆さんは、人事は手続きだけをする部署ではないことを認識して、リソース（人手）を確保してください。「日々の事務に追われて戦略など考えるヒマがない」という人事の方を多く目にしますが、それはもったいないことです。

筆者はそんな人事パーソンの皆さんを応援したいと常々思っています。是非とも頑張ってください。あなた方一人ひとりの努力が今後の雇用社会を変えていくのですから！

●視点4　働く人はどうあるべきか

終身雇用、年功序列が無くなり、雇用が流動化したとき、働く人（デジタル労働時代を見据え、あえて「労働者」とは言いません）としてはどうあるべきでしょうか。

もちろん、多様なライフスタイル、生き方、働き方があるわけですから「こうあるべき」という一つの正解がある訳ではありません。

しかし、少なくとも言えることは、**どこの会社に勤めているか、どんな役職なのかが重要なのではなくて、今後はどんなスキル・能力・経験があるかが重要**である社会になっていくということです。

そのとき、**働く人、一人ひとりが考えるべきは、自分の現在持っているスキルは何か、今後研鑽を積んでいくべき分野は何か、そもそも何に対して「やりがい」を感じるか、というマインドの部分が重要です**。

好きなことを仕事にできている人、やりたいことが見つかっている人は幸せですが、これが見つからないからといって焦る必要はありません。先行き不透明な時代において、10年後20年後を見据えて**「何がしたいか」など見つからな**

くて当然です。

若いうちにできることは、まずやってみることでしょう。いろいろな仕事、業務を経験する中で、自分に合っているものは何か、少なくとも「合わないものは何か」を考えましょう。

「合わないもの」を消去していくだけで選択肢の多くは削れるはずです。

仕事をしていく中で、余裕が出てきたら、成功するための魔法のことばを唱えましょう。**「それ、やっときましょうか?」**です。

職場には、**誰の仕事か良くわからないけどみんな誰かにして欲しいと思っている仕事が必ずあります**。小さいことでも構いません。職場の困りごと「それ、やっときましょうか?」と言って手を挙げ続けてみて下さい。日本企業でも、外資系でも、こういうことを出来る人はきっと誰かの目にとまります。そうすることで、きっと良い経験・スキルを身につけるチャンスが来ます。そのチャンスを逃さず頑張ることが大切なのです。

好きなことを仕事にするのは必ずしも全ての働く人に当てはまらないかもしれません。ですが、いろいろな仕事を経験する中で、好きなこと、興味を持つポイントは何かしらあるはずです。そこを深掘りし、周辺領域の勉強をする、数をこなすなどしていくことが成長への近道でしょう。

「残業代は権利だ！」「長時間労働反対！」「働く人の権利を守れ！」、というのはもちろんその通りです。

しかし一方で、労働時間の上限規制がある中では、仕事を通じてスキルアップするにしてもその機会は限られてきますし、**仕事を「やらされている」と捉えるか「自ら仕事を取りに行く」かで成長度合いは劇的に異なります**。これは10年後・20年後に大いなる現実となって現れるでしょう。

誰しも、お金を貰っている以上はプロなのです。自分の給料が上がらないのを会社のせいにしている「だけ」（もちろん会社が悪いことも多々あります）

では、成長していかないのです。

その意味で、これからの雇用社会はある意味残酷な時代とも言えます。

会社が命じて研鑽を積ませ、ある程度の人であればそれなりの生活が出来る時代ではないのです。二極化が進行し、意志を持って研鑽した人と、言われたことだけをやっている人の差はもはや企業研修だけでは埋められません。

自らを律して不断の努力を**継続して、自らのキャリアを自ら「選択」すると いうのが「キャリア自律」の本質**です。決して楽な道のりではありませんが、これから生き残る人というのはそういう人だと思います。

テクノロジーとどう向き合うか

テクノロジーとの関係では、「AIに仕事を奪われる！」というのは間違いです。正確には、テクノロジーにより代替される仕事があり、人間は人間にしか出来ない仕事に集中するということになります。要はテクノロジーを使って何が出来るかという発想や、好奇心、わくわく感、成長したいという気持ち、これは人間にしかないのです。この人間にしかないｗｉｌｌを仕事で見つけること、これこそがAIに代替されない仕事なのです。

これは、若い人だけに向けた話ではありません。

人生１００年時代、何歳になっても学び直しが重要です。何歳になってからでも「遅すぎる」ことはありません。学生の時よりも、仕事で壁に当たってからの方が、学問の大切さがよくわかるでしょう。学びたくなったときが学びどきです。仕事・教育・家庭のバランスを取りながら自ら選択して行き来するのが雇用流動化社会の理想型です。そのためには、**いつまで経っても好奇心を忘れずに学び直し、仕事に・人生に生かしていく姿勢**が大事だと思います。

最後に、転職や起業に当たっての考え方について触れておきます。

繰り返しになりますが、最初に勤めた会社が全てではありません。初めての勤め先は「最初に付き合った恋人」と同じようなものです。その人と生涯を添い遂げるか、途中で離別するかは本人の自由です。とはいえ、安易に転職するのが良いというつもりも毛頭ありません。最初に入った会社でうまくいくならそれも良い人生です。

一つのことをとことんやってみないと見えてこない世界があります。**ただし、命の危険を感じたらすぐにその環境から離脱して下さい。**自分の身を守ることが最優先です。特に対人関係のストレスや過重労働には要注意です。

筆者も学生時代にちょっとした「イジメ」に遭ったことがあります。しかし、そこで戦うのではなく、離脱することを選びました。図書室へ行ったり、休める範囲で学校を休んだりして一人で勉強していました。「イジメ」と戦う時間があるなら自分のために使いたかったからです。命あっての人生ですから。

そして、今後のキャリア、仕事内容、家庭生活とのバランスなどを考えて転職を検討する場合は、自分自身との対話、内省が重要です。いろいろな人の意見を聞いても、最後に決めるのは自分自身です（もちろん、集められるだけの情報は集めるのが大前提ですが）。

サッカーの本田圭佑選手がACミランへの入団会見で発言した有名なセリフ「自分の中のリトルホンダに聞いた」という考えが重要です。答えは自分自身が知っているのです。自分と深く向き合って内省すること、これが肝心です。〝自分〟を探しに海外へ行っても、旅行先に落ちているものではありません。

起業については、いつでもできます。やりたくなったときがタイミングかもしれませんし、まだ早いかもしれませんし、会社の中でまだまだやることがあるかもしれません。「企業の中で起業家のように働く」[*]ことも出来るのです。一つだけ言えることは、**人生100年時代、60歳で定年を迎えたとしてもあと40年もある**ということです。

そのとき、起業して生涯現役というのも楽しい人生ではありませんか。生涯を通じてやることがあると言うのは幸せなことです。

今の私の事務所、倉重・近衛・森田法律事務所のパートナー弁護士である森田武男弁護士は本書執筆時点で84歳の現役弁護士であり、今でも6000メートル級の登山にチャレンジして、裁判所の16階まで階段で登っています。

正に生涯現役社会の代表格ですが、これが正解ということではなく、自分が望む生き方を「選択」するためにも、健康面も含め選択できるだけの土壌を作っておくことが重要であり、そのことを意識して60歳までを過ごすべきであると考えています。

＊小杉俊哉著『起業家のように企業で働く』（クロスメディア・パブリッシング刊）

一人でも多くの人が、自分の人生・働き方を自ら「選択」し、学び直し、家庭生活、趣味も含めて自律的なライフキャリアを過ごしていく。これこそが新しい時代の雇用社会で求められる「働く人」一人ひとりのあり方であり、一人ひとりの働き方の変化が新しい時代を創っていくのです。

現在、小学生である筆者の子供達が将来、社会に出るとき〝よい雇用社会〟であることを願ってやみません。

おわり

対談編

本対談はYahoo！ニュース個人「倉重公太朗の労働法の正義を考えよう」の
連載を元に一部改変したものです。

荻野勝彦×倉重公太朗

「同一労働同一賃金」はどこへ行く

荻野 勝彦●おぎの・かつひこ
東京大学経済学部卒。現在は中央大学客員講師。民間企業勤務。日本キャリアデザイン学会副会長。個人ウェブサイトhttp://www.roumuya.net/

倉重　今回は人事界隈の超有名ブロガーである荻野さんにお話を伺います。まずは自己紹介をお願いします。

荻野　超有名かどうかは分かりません。サラリーマン生活が、もう30年を超えまして、大体、半分くらいが人事の関係、もう半分くらいは人事じゃないけれども労働政策にも少し関係をするようなことに携わってまいりました。

2018年から中央大学のビジネススクールで客員を始めましたので、今回はそちらの立場でということで、勤め先を離れて、ちょっと一般論的なお話をさせていただくと良いのかなという風に思っております。

倉重　ありがとうございます。某大企業にお勤めで、かつ、お勤めされながら大学でも教えていらっしゃる。そして、『労務屋ブログ』という有名なブログ主でいらっしゃいますね。

荻野　有名かどうか。あまり品の良い代物ではありません（笑）。

倉重　厚労省の審議会であるとか、そういうものもやられてますよね。

荻野　もう7～8年前になりますが。

倉重　荻野さんは労働政策に関するご意見を表明されているということで、中でも今回は転勤について様々な角度からお尋ねしたいと思います。

若い世代では「地元志向」が非常に強まっていて、「転勤をするんだったら辞めます」という人がいたり、企業としては、動かす人にはプレミアムを出そうという動きもみられます。

でも、動かせる可能性というカテゴリに対して基本給を高くしていたら、実際に異動は嫌だと言うとか、今後、この転勤というものを企業はどう考えていくべきなのかというところが、結構、悩ましいなと思っているんですけれども、どう思いますか？

荻野　転勤に関する問題提起は、少し単純化されすぎているという印象があって、複数の側面から考える必要があると思っています。まず、経営の必要性という観点があって、例えばどこかに新しい拠点を立ち上げるとき、新規採用だけでは運営できないからマネジャークラスは転勤で対応するとか、ローカルマーケットを開拓するために、テコ入れが必要な支店に腕利きのスタッフを転勤させるといったものです。今、ビジネスがグローバル化していますから海外拠点も非常に多い。その一方で、人材育成のために転勤する、ということを、よく言うわけです。

そのときに、その**人材育成効果と、転勤に伴って発生する従業員の側のコストが、本当に見合ったものになっているのかが、今、問題視をされているわけです**。転勤は、当然、ワークライフバランスの問題などに非常に大きく影響するので、従業員にとってはコストが大きい。

実際、従業員対象の調査結果などをみると、何も転勤しなくても、同じ勤務地の中での配置転換だって十分、人材育成になるという意見も多いわけですよ。そういう調査結果をみて、企業が実際には人材育成効果がどれほどあるのかきちんと測定もしないままに、かつての日本国内に新しい拠点が次々できた頃と同じような流れで転勤をさせているんじゃないかという疑問を持つ人は出てきています。

倉重　「その転勤は本当に必要ですか?」というやつですね。「今までそうだったから」以外に、何か理由がありますかという点が大事ですね。そして、実際は、どうでしたか?　と聞いてみたいですね。

荻野　それは検証すべき問題なのかもしれません。ただ、さらに他の側面があって、一つがキャリアとの関係です。転勤をする人、本当に必要な転勤をしてもらう人には、その分処遇を手厚くすれば良いじゃないかという話はあるわけですね。**それこそ手当などのお金であればまだしも、それがキャリアにつながってくるということになると簡単にはいかない**。

転勤をすればキャリアが上がる、あるいは転勤しなければキャリアが上がらないということなら、私もぜひ転勤したいという従業員というのは、かなりいるのではないか。これがもう一つの側面と結び付いていて、人事管理の問題ですが、転勤の有無は、コース別人事管理において非常に重要な意味があるわけですね。

例えばの話ですが、同じ正社員でも、海外駐在もあるグローバル社員は社長、役員まで可能性があるけれど、国内転勤だけのナショナル社員はまあ良くても部長くらいまでで、転勤のないエリア社員は、まあキャリアもそれなりとか。

倉重　そこそこ止まりですね。

荻野　そこそこ止まり。ということになったときに、やっぱりキャリアに意欲のある人というのは転勤のあるコースを選びます。

そのときに、転勤のあるコースに入った以上は、転勤をしてもらわないと、ないコースの人と比べて不公平だよねというような話が多少はあるかもしれないし、そのために必要ない転勤をさせるのは本末転倒かもしれない。

一方で、「分かりました、それではあまり効果のなさそうな転勤はやめましょう」と言って、転勤をしなかった従業員が思うようにキャリアをつくれなかったときに、自分はやっぱり転勤でチャンスがなかったからキャリアをつくれなかったんだ、というようなことを考える人というのは、多分、出てくる。それで良いのかと考えたとき、やはりある程度、**キャリアのチャンスとしての転勤というものをやるようになるというのは自然なことのようにも思えるわけです**。

企業にしても上司にしても従業員の潜在的な能力や可能性をすべて知っているわけではありませんし、それは何かの機会を得て花開いて、目に見えるようになるわけです。ですから、従業員の側が自分のキャリアのために、その機会を転勤に求めたいと思っているときに、「いや君それは効果がないから、行っても行かなくても同じだからずっとここにいなさい。まあここで仕事を変えるくらいのことは考えるけどさ」と言うかどうかなんですよ。

倉重　そうですね。それは、そうはなかなか言えないですし、本当に必要な転勤なら、むしろみんなそうやって希望するだろうという話ですよね。

濱口桂一郎×倉重公太朗

同一労働同一賃金の欺瞞

濱口 桂一郎●はまぐち・けいいちろう
1983年 東京大学法学部卒業、労働省入省、2003年 東京大学客員教授、2005年 政策研究大学院大学教授、2008年 労働政策研究・研修機構統括研究員、2017年 労働政策研究・研修機構研究所長。

倉重　今回は、大物中の大物です。
濱口　何を言っているのですか。小物中の小物です。
倉重　ということで、独立行政法人労働政策研究・研修機構（JILPT）の濱口桂一郎所長にお越しいただいております。まず簡単に自己紹介をお願いできますか。
濱口　今は独立行政法人労働政策研究・研修機構というところで、所長という職をやっております。元々は旧労働省で役人をやっていましたが、今から20年ちょっと前ぐらいに、日本政府のEU代表部というところに出向し、EUの労働法を自分なりに勉強して、戻ってからそれを本にして出しました。そうしたら、世の中から結構引き合いがあり、「書いてくれ」「しゃべってくれ」などという依頼の相手をしているうちに、気が付いたら研究者もどきになっていたという感じです。
倉重　（笑）さて、今回は「日本型雇用」について伺いたいのですが、**日本型雇用の場合、正社員と非正規雇用では、役割が違う場合がほとんどなので、むしろその場合だったらどうするかに言及している本がありませんよ**ね。

そこで、濱口先生に、あらためてお聞きしたいのですが、ガイドラインを踏まえて「パートと正社員を同じ賃金制度にしなければならない」「それは能力に応じてであれば、その分に応じて変えることのみが許されて、制度としては一緒にすべきだ」という見解があるようですがどうお考えですか。
濱口　実は、ガイドラインは前半が基本給で、後半が手当や福利厚生の内容になっています。後半は、ある意味分かりやすいです。福利厚生はある意味、あるかないかなのです。

前半の、大部分のページを割いて書いてあるところというのは、「もし職能給であれば、それに基づいて両方やれ」「もし年齢給でやるのだったら、きちんとそれに基づいてやれ」「成果給でやるなら両方それに基づいてやれ」ということです。それは、**「あなた、その議論は、初めから正規と非正規は同じ賃金制度の下にあることを**

前提として書いているでしょう」と、当たり前のことを書いています。その当たり前のことに、「これは○、これは×」などと書いてあって、それは全部ある意味トートロジーなのです。実は、そのような会社は日本にないとは言わないけれども、ごく少数でしょう。

倉重　そのような会社はほぼ存在しないですね。

濱口　ほぼないでしょう。圧倒的大部分の企業では、正社員の賃金制度はそのように純粋な「何とか給」などというものではないのです。度合は様々ですが、生活給的な右肩上がりの賃金カーブだけれども、理屈付けは職務遂行能力による職能給で、かつ、後になればなるほど成果主義でもって差を付けるという複合的年功制が一般的です。そして、その正社員向け賃金制度が非正規には適用されていないというのが、圧倒的大部分の企業の実態でしょう。

倉重　そうですね。賃金制度そのものが違いますよね。

濱口　ところが、そういう圧倒的大部分のケースは、このガイドラインのどこに書いてあるのだろうかと。

倉重　指針になりましたね（※）。

濱口　一生懸命、同一労働同一賃金指針の本文のどこを読んでも出てこないのです。さらに読んでいくと、基本給の項の最後のところに、「注」というのがあります。

倉重　はい、そうですね。基本給の項目の最後に「注」とされている箇所がありますね。

> **【同一労働同一賃金ガイドライン第3の1（注）】**
>
> 1　通常の労働者と短時間・有期雇用労働者との間に賃金の決定基準・ルールの相違がある場合の取扱い
>
> 　通常の労働者と短時間・有期雇用労働者との間に基本給、賞与、各種手当等の賃金に相違がある場合において、その要因として通常の労働者と短時間・有期雇用労働者の賃金の決定基準・ルールの相違があるときは、「通常の労働者と短時間・有期雇用労働者との間で将来の役割期待が異なるため、賃金の決定基準・ルールが異なる」等の主観的又は抽象的な説明では足りず、賃金の決定基準・ルールの相違は、通常の労働者と短時間・有期雇用労働者の職務の内容、当該職務の内容及び配置の変更の範囲その他の事情のうち、当該待遇の性質及び当該待遇を行う目的に照らして適切と認められるものの客観的及び具体的な実態に照らして、不合理と認められるものであってはならない。

濱口　この「注」で**いちばん肝心の、一般の正規と一般の非正規の賃金制度が違う場合にはどうなのか、ということについては、ほんの8行ぐらい書いてあるだけです。**

倉重　はい、そうなっていますね。

濱口　正規と非正規が、「将来の役割期待が異なるため、

※　短時間・有期雇用労働者及び派遣労働者に対する不合理な待遇の禁止等に関する指針（平成30年厚生労働省告示第430号）

賃金の決定期限、ルールが異なるという、主観的、抽象的説明では足りず、賃金の決定期限、ルールの違いについて、これこれ職務内容や、この変更範囲、その他の客観的具体的な実態に照らして不合理なものであってはならない。」というだけですね。**99・99％の会社はこれで対応しろというわけです。**

倉重　ほとんどの企業に適用される超重要な記載が、「注」にあっさり書かれているんですよね。

濱口　「将来の役割期待が異なるため」だけでは駄目だとすると、それをどれくらい詳しくパラフレーズしたら合理的で、不合理でなくなるのか、ということが、何も分かりません。

　0・01％しか適用されない同一制度適用ケースについては、数ページぐらいかけて、「これは○、これは×」という空疎なものを延々と書き連ねた挙げ句、**99・99％が対象になるであろう異なる制度適用ケースについては、こんな訳の分からない抽象的なもので済ませている**のです。しかもこれは、実は2年前のものなのです。

倉重　そうですね。この「注」部分の記載は2016年12月20日に出たガイドライン案の時からありましたね。

濱口　そのガイドライン（案）なるものが出て、2年経った今もほとんどそのままです。

倉重　変わっていないですね。おそらくあえてなんでしょうね。

濱口　なので、各企業は自分のところの、全く賃金制度が違う正規と非正規について、一体何をどうしたら、主観的抽象的説明だから駄目だと言われるのか、きちんと客観的具体的な実態に照らして、不合理ではないと認めてくれるのか、全く分からないという状態です。

　2年経って、その間、審議会で議論があり、国会でも議論があったはずですが、この問題については、何の議論もされていません。

倉重　確かに、国会ではほとんどやっていないですね。

濱口　やっていません。国会はとにかく、裁量労働制の数字がうそだとか……。

倉重　高プロ（高度プロフェッショナル制度）が「残業代ゼロ法案」とか「定額働かせたい放題法案」などと言っていただけですね。

　だから、この**「同一労働同一賃金」指針案の中でも、「注1」が大事であるということに関しては、実は世間的にあまり認識されていない**のではないかと思っています。

濱口　労働問題に詳しくない人たちが分からないのはまだ良いのです。ですけれども、少なくとも労働法の研究者、あるいは弁護士、社労士、企業の人事の担当者が素直に読めば、これはどうでもいいことに数ページ費やして、いちばん大事なことは1パラグラフの抽象的な言葉でごまかしていると分かるはずなのです。ところが、なぜかそういうことを言う人がいないのです。

※　本対談は2018年12月に行われたものです。

倉重　確かに、この「注1」で言っている、「抽象的な役割期待の違いでは駄目だよ」という点は、そうだろうと思います。

そこで、例えば基本給に関しては、役割の違いを具体化するものは何かというと、正社員はどういう評価指標で人事考課されているか、一方で非正規の方はどういう評価項目なのかということが重要だと思っています。

これはちょうど、日本郵便事件の判決でもそういう評価項目があります。例えば、正社員などですと「他の社員や他の部署と連携をとれているか」「いろいろな仕事ができるか」「コミュニケーションができるか」などです。そういった、要は、将来幹部社員になるための評価項目になっています。

一方で、非正規雇用の契約社員のほうを見てみると、「あいさつができるか」「言われたことができているか」「時間が正しいか」など、そういった、全く見るべきポイントが違うのです。これはまさに役割の違いというのをブレイクダウンした、一番具体化したものが、評価項目だろうなと、個人的には思っています。今そこを本に書いているのです。

ただ、まさにちょうど書いている時に、先生のこの記事を読んだものですから、「これはやはり間違っていないな」と思った次第でございます。

濱口　もし実践論的に、何かアドバイスするとしたら、「両方同じ制度にしろ」というのが安全です。とにかく両者の賃金制度を統合した上で、とはいえ同じ制度にしても、将来の役割期待が異なることによって、評価項目が異なってき得るのです。「このタイプの人については、この評価項目で」「このタイプの人については、この評価項目で」ですけれども、「あくまでも基本的には同じ制度の中で」ということです。これは安全策としては非常に分かりやすいです。

倉重　法律は全くそのような形になっていないです。

濱口　法律上も、それに基づく指針も、そうしろと読める文言はどこにもないです。

倉重　ないですね。ガイドラインには、何者かの抵抗が入っていますね。

濱口　不思議な世界です。

倉重　この指針案がちょうど2018年の11月に出ていました。その時の直後の一部報道では、退職金について も、「新たに指針に規定」などと書いてありましたけれども、退職金はわずか1行だけですよね。「この指針に原則となる考え方が示されていない退職手当についても不合理と認められる場合の対処が求められる」と書いてあるだけです。では、何が不合理なのか指針の考え方はさっぱり分かりません。

退職金についても基本的には（退職金と賞与と、基本給は同じく）先ほどの「注1」の理論と同じく、役割期待のところを具体化した説明がつけば良いのかなと個人的には思っております。退職金はいかがお考えですか。

濱口　いちばん日本の雇用システムの根幹に関わるようなことを、うまくすり抜けて、形式的に書けるところだけ書いているようなものになっています。この理論は言ってみれば、制度さえとにかく統一すれば、あとは理屈の付け方ですと言っているようなものです。

基本給で、同じ制度にした上での、理屈の付け方のところに裁判所がどこまで介入するかというと、多分あまりしないでしょう。

倉重　本当に賃金制度の中の適用問題、つまり中身の話になってしまいますよね。人事権濫用の話ならまだしも、何が「妥当か」ということを裁判所が決めるのは難しいでしょう。どちらに転ぶかというところですね。基本給をベースに評価も入れて、ポイントを積み立ててというところも多いと思います。そういうところは、基本給と同じ考え方かとも思います。ただ、本当にそれも様々な制度があるので、一概にどうとは、なかなか言えません。

この不透明な判断を、企業人事に全部責任を押し付けると人事は大変だと思うのです。

ちょうど昨年、日本郵便（東京）事件の高裁判決が出ました。その判決の中では、過失論が新たに加筆されていました。要は、1審では「不合理だ」イコール「過失があって、不法行為だ」という構成なのです。その過失は本当にあるのかということも、法曹業界では結構話されています。裁判官同士や弁護士同士でも、結論を出すのが難しい分野について、それを、**企業の一担当者が気付いて、即人事制度を修正しなかったら過失なのか**という議論をして、高裁などで、主張されたようです。

判決を見ると、「ただ、この問題は労働組合からも指摘され、そして法律は周知されていたのだから、過失あり」みたいな、そういう悲しい認定になっておりました。

結局、それは最終的には、企業がリスクを背負いこんでやらなければいけないということなのです。これからどういう方向に展開していくのでしょうか。

濱口　本当は、思いもよらないことで過失だと言われないために、事細かなガイドラインを作るのだという、触れ込みだったはずです。

倉重　はずでしたよね。

濱口　その触れ込みのガイドラインが、99・99％役に立たないようなものになっているというのは、なかなかシュールな世界です。

倉重　そうですね。あとはもう今後の司法判断に委ねられたというところなのでしょうね。

●雇用終了システムはどうあるべきか

倉重　さて、最後のテーマになりますが、最後と言えばやはり、雇用法制の中の雇用終了の場面をお伺いしたいと思っています。濱口先生といえば、名著の『日本の雇用終了』（労働政策研究・研修機構）というのがあります。

やはり現在の日本の雇用紛争、終了に関する紛争処理システムというのは、これで良いのかという議論もずっとあり得るところです。また、厚労省も検討会をやっていますけれども、別に具体的なものは当面はないのですか。

濱口　名前がやたらに長い、解雇の金銭解決を打ち出した検討会の報告書がありますね（※）。

倉重　解雇の金銭解決ですね。

濱口　その報告書が出た後、２０１８年になってから、今度は解雇無効時の金銭救済制度に係る法技術的論点に関する検討会なるものが始まって、いま議論がされています。ただ、そこでやっている議論はまさに法的・技術的問題点を細かく詰めるような議論であって、あまり本質に突っ込むようなものではありません。

この問題の根本は、日本の労働社会全体の中で、現に起こっている解雇等の雇用終了のうち、**多くの人々が議論するときに念頭に置いている裁判例というものは、本当に氷山の一角にすぎない**ということです。いやそれも正確ではありません。なぜなら、氷山というのは９分の１が水面上に出ているので、氷山の一角といえども結構割合は大きいのです。解雇の裁判例というのは氷山の一角などではなくて、そのまたごく一部にすぎません。

裁判所に訴訟として持ち出されるのは、世の中全体の解雇や雇用終了事案のほんの０・何％ぐらいです。しかも訴訟になったものの半分以上は和解で解決していて、半分以下がようやく判決にたどり着きます。

倉重　年間１００件ぐらいですかね。判決まで行く解雇事件は。

濱口　それが、「労働判例」や、「労経速」などに載って、やがて判例集に収録されることになります。それだけでもって、みんな「解雇法制はこうだ、ああだ」と論じるわけです。その下に99・何％の。

倉重　それほどの量がありますか？

濱口　労働局の相談件数でいえば、解雇、雇止め、退職勧奨などの雇用終了事案で、年間約7万件あり、あっせんまで行くのが2千件くらいでしょうか。もちろん、そういうことが、理解されていないわけではありません。こういうことを言うと、「いや、それは分かってるよ」と言われます。あることは分かっているけれども、でも結局、解雇法制をどうするかという議論になると、一番上に突き出た、小指の爪の先みたいなところだけを取り上げて「ああだ、こうだ」という議論になります。

※　透明かつ公正な労働紛争解決システム等の在り方に関する検討会

今の、法的・技術的問題点の検討なるものも、そういうことです。一番上にちょこんと突き出た所について、客観的に合理的な理由がなく、社会通念上相当でないものはすべて無効であるという法理論を大前提にして、あたかも全ての年間数万件、労働局の窓口にすら来ないようなものまで含めたら、もしかしたら数十万件もの解雇にも適用される議論をしようとしている。

倉重　もちろんそうです。

濱口　しかし、そのような圧倒的大部分は、無効だの何だのという話とは関係ない世界で動いているわけです。

倉重　本当に、細かい話を延々議論している方はそういう世界で生きていないのですよね。

濱口　**解雇が無効などというのは、本当に氷山の上にいるペンギンぐらいの話にすぎません。**なぜ解雇法制をめぐる議論がおかしくなるかというと、現実には氷山の上のペンギンまで行って初めて無効だという話になるからです。それを全部の、水面下の氷の大部分の所まで、解雇が無効であることを前提として、議論を構築しようとするから、おかしな議論になるのです。

　訴訟であれば、弁護士を立てて、裁判をやって、和解もせずに、最後の最後まで行って判決が出れば、労契法16条で無効だという話になります。

　しかし世の解雇の圧倒的大部分は、そんなところに行かないのです。ということは、解雇が無効であることを前提にした議論は、誠に観念的な話だということです。

　実態は何で動いているかというと、まさに今言われた『日本の雇用終了』に書いてあるとおりです。「いや、ちょっとこれは、問題だから」ということで、10万円とか、20万円、たまに多いものがあって50万円などという金額で解決しているわけです。

倉重　『日本の雇用終了』には、たくさんのあっせん事例が出ていますけれども、本当にひどい解雇なのに10万円・5万円程度の解決金で和解しているケースがあります。「これで10万かよ」って思いますね。

濱口　そもそも、あっせんまで来ないものが大部分です。

倉重　そうです。それでもあっせんに行っているだけ、まだましなのですよね。

濱口　私に言わせれば、あっせんが氷山の一角なのです。

倉重　そうです。あっせんの土俵に乗ればようやく「氷山」ですね。

濱口　水面上に出ている氷の部分があっせんです。裁判まで行くのは、まして判例集に載っているのは、その上のペンギンなのだと私は思っています。

倉重　そうですね。そこで、要は、弁護士のよくある意見として、それで解雇法制を変えるべきだと言っているのです。

　一方で、やはりそれは「弁護士の制度が、まだ利用が周知されていないだけである」「法の支配が行き届いていないのだ」「われわれ弁護士が、やはり紛争をきちんととことん戦って、解決することこそが素晴らしいのである」と、こういう風に思っている方が、弁護士業界でもたくさんいるのです。果たして本当にそうでしょうか。

濱口　これは、法哲学や法社会学の問題になると思うのです。要するに、全ての体の不調に対して全て医者が対応するべきなのかと。小さな、ちょっと風邪を引いた程度の病気に対しても、医者が出てこないで、薬を飲んで治すのは、「けしからん」「おかしいのではないか」と言っているような感じがします。

倉重　確かに、その例えは良いですね。本当ですね。全部が全部、大学病院の大先生ではなくて良いよね、という話です。

濱口　しかも解雇の無効などというのは、外科医が体を執刀するような話でしょう。全てについて、そのような大げさなことをやっているわけではないです。

倉重　本当ですね。

濱口　むしろ薬局の薬すら買わず、つまり、『日本の雇用終了』で取り上げたようなあっせんにも行かないような、もっと闇に埋もれたものが世の中にたくさんあります。それは一体どこにあるのかと言われても、これですと見せることもできませんが、当然あるはずです。

　例えば雇用保険の特定受給資格者は年間約22万人います。それを考えたときに、日本の解雇をめぐる議論というのは、あまりにも落差が大きいです。氷山の上に乗っているペンギンだけを使って全てを議論しているという、このおかしさをもう少し考えてほしいという気はします。

倉重　全くですね。よくこういうことを、例えば、解雇に関する解決金みたいな制度のこと、法制化のことを言うと、「じゃあ、そのお金はどうやって払われるんだ」みたいな議論も結構あるのです。

　この技術的な点は置くとして、例えば、「何ならもう**労基署がいったん払いますよ。それから事業主に対して取り立てる、そういう仕組みにすれば誰でも簡単に受け取れるだろう**」と思っているのです。あくまで技術的な問題は置いています。例えばの話です。

　要するに取り立ての手間を本人に与えるなという話です。あとは、設計的には、雇用保険などから徴収してしまえば良いだろうという風に個人的には思っております。そうなってくると、やはりわざわざ訴えて、また、今の制度であればなおさらです。

　仮に、例えば「何カ月分支給する」みたいな制度になったとしても、その履行を求めて提訴するみたいなことは、手間であることには変わりません。その手間を何とかしてあげないと意味がないでしょう。それが面倒くさいから、「もういいよ。さっさと転職する」「泣き寝入りする」など、そういう人が一定数どころか、むしろ大多数います。それをなんとかできないかなと、個人的に常に考えています。国がそこを、支払いに関しては失業保険的に、労働者のためにやってあげようとできないかと思います。
濱口　その発想は未払い賃金の立替払いみたいな話ですね。
倉重　正にそのイメージです。
濱口　今聞いていて、そのような感じがしました。
倉重　おっしゃるとおりです。それを拡大してできないかと思うんですよね。そうすると、労働者は何も手間なく、解雇の保証金的なものを受け取れます。事業主に対する徴収も良いでしょう。もし回収できないで倒産してしまったところがあれば、それは税金負担になります。それは国として雇用社会を支えるのだということで良いのではないかと、個人的には思っているところです。
濱口　今初めて聴いたので、法技術的にどこがどういう権限でもって、何をどういう風にやるのか、なかなか難しいかもしれないです。しかし面白い話です。
倉重　技術的には、いろいろ困難は伴うでしょう。ただ、技術的な点を置くとして、そういう、そもそも大半の人が、紛争にすらなっていないということを問題にすべきなのです。紛争になったとしても、非常に低廉な価格で、解決金で終了しています。これは、あっせんもそうですし、労働審判もそうですよね。
濱口　労働審判は解決水準があっせんよりひと桁上だと言いながら、それでも実は100万円ぐらいなのです。
倉重　平均的にはそんなイメージですよね。もちろん中には高い額というのもありますけれども、平均でいうと、せいぜいそのようなものなのです。
3カ月分、6カ月分、8カ月分という厚労省の検討もありました。そういう何カ月分でも良いのですが、要は、一定程度のお金をさっさともらえる制度ができた方が、お互いにとって合理的ではないかという風に、普段から考えてます。
そうすると、一定数仕事がなくなる弁護士がいます。それはそれで、いろいろ反対も、お叱りの言葉も、私も頂戴するわけです。**それでも雇用システム、社会システムとしては、そちらのほうが合理的だろう**と思っています。それが、『日本の雇用終了』を読んでの率直な感想です。
濱口　その辺は、そういう風な感想を持たれるだろうな、と思いながら、あの本を書きました。
倉重　なるほど。でも、そうは書いていないです。あの本はただ淡々と事実だけを書いていますね。
濱口　淡々と書いたのは、事実の重みだけで、読ませようと思ったからです。
倉重　なるほど。さすがですね。まんまとはまってしまいました。

●デジタル労働の未来

濱口　話がぽーんと飛びますが、日本だけではなくて、恐らく今、世界共通に、19世紀から20世紀にかけて築き上げられてきた、労働社会のあり方が、大きく変わりつつある可能性があります。

倉重　労働者と言うかどうかは別として、働く人を保護するという役割ですね。デジタル時代の労働法といいますか。

濱口　「AIで仕事がなくなるからBIだ」というのは、私はあまり信用していません。やはり、仕方は大きく激変するけれども、人々が仕事をして生きていくというあり方自体は、そんなに変わらないでしょう。ただ、今までの労働法のあり方とは、相当変わることは間違いない。

いつでもどこでも請負的に働く人たちを守るといっても、何をどう守るのでしょうか。労働時間規制をやたら厳格に適用し、裁量労働制や高プロをたたきつぶしたところで、いつでもどこでも仕事ができてしまうという実態は変わりません。

笑い事ではなく、本気で労働時間規制を適用しようとしたら、家でも、喫茶店でも、電車の中でも、すべて「おまえは今ちゃんと仕事をしているのか。仕事をしていないのか」というのを、モニタリングしてチェックしなければいけないということになってしまいます。これは、逆に言うと恐ろしいディストピアです。そこまで人は、見張られたいのですか。いつでもどこでもできる仕事に対して、労働時間か労働時間でないかを厳格にチェックしろという話になると、そういう結論にならざるを得ません。それはおかしいでしょう。

ということは、やはり、労働法規制、**労働者を守るために労働法で規制するということの、ありようを変えていかなくてはいけません**。労働者の何を守らなくてはいけないのかということを、これは世界共通の問題として、今みんなが一生懸命考えつつあるところです。

倉重　まさに「Ｕｂｅｒ」化する労働、ということだと思うのです。そういう中で、私も、昨年の4月にシンガポールの労働組合へ意見交換に行ってきました。そこでも、そういうデジタルワーカーのことに関してどう思いますかという話をしました。

その時には、シンガポール労働組合の方は、ワーカーである以上は、これは労働組合というかどうかは別として、「われわれの団体の」という言い方をしましたけれども、われわれの団体の保護対象であると言われました。それはそうだろうと思います。

ただ一方で、やはり、技術的な問題かもしれませんけれども、Ｕｂｅｒなり、いろいろなサービスがある中で、雇用主なのか、要するに、命令を出しているものが、その国内にいないわけです。その人にどのようにして規制を出すのかという問題です。もしかしたら、それは一国だけでは解決できない問題なのかもしれません。

濱口　あとは**その国の中で、労働法とは何を守るのか？**という話です。その守る対象は国民であることは間違いないですが、その相手がいるのかいないのかすらも、分からないという話だと思います。

Ｕｂｅｒ化していけばいくほど、時間によって、どの仕事をやっているのかもばらばらです。雇用主的な人もばらばらということになります。今の労基法的に言えば、労働時間の通算なのかもしれません。

そのようなことが現実的に可能なのかというところを考えると、「**労働法とは何だ**」**という問いは、まさにこれから世界共通で考えていかなくてはいけない問題**だと思います。

倉重　全くおっしゃるとおりだと思います。

濱口　先ほどまでの話とは一段階超えた、大きい話になってしまいました。

倉重　そうですね。まさに、２０１９年の幕開けにふさわしい、大きな問いを残して終了という形になります。今日はどうもありがとうございました。

濱口　こちらこそ、ありがとうございました。

唐鎌大輔×倉重公太朗

経済の視点から雇用を考える

唐鎌 大輔●からかま・だいすけ
みずほ銀行国際為替部チーフマーケット・エコノミスト。1980年東京都出身。2004年慶應義塾大学経済学部卒業後、JETRO入構、貿易投資白書の執筆などを務める。2008年10月より、みずほコーポレート銀行（現みずほ銀行）国際為替部。公益社団法人日本証券アナリスト協会検定会員。

倉重　今回は、みずほ銀行チーフマーケットエコノミストの唐鎌大輔さんをお呼びしております。

唐鎌　よろしくお願いいします。私の専門は為替市場であります が、為替動向を見極める上では経済・金融分析も重要であり、日本・米国・欧州といった先進国経済全般についても幅広く情報発信させて頂いております。

皆さんもよくご承知の通り、「アベノミクス」というフレーズが取り沙汰されるようになったのは大体２０１２年11月頃からです。結果どうだったかと申しますと、まず円安は物凄く進みました。２０１２年の11月は70円台後半にあり、２０１５年６月には最大で１２５円台まで上昇しましたから、その間で実に60％以上も円安・ドル高が進んだことになります。

円安の功罪ということで言えば、「功」の部分、つまりアベノミクス最大の成果は株価が上がったことにあるとは思います。例えば代表的な株価指数の日経平均株価ってやっぱり大企業輸出製造業の動向に左右される面が大きいわけです。それらの業種にとって当然、円安は追い風なわけですから、円安・株高という定番の流れが演出されやすくなるわけです。

ただし、問題はここからです。もちろん、株価が上がって損する人は基本的にはいません。多くの人にとってそれは良いことです。しかし、**株価上昇だけで長きにわたるデフレ状況を打開できるのか、景気が上向くのかと言えば、それはありません**。

そもそも日本の家計は株をあまり持っていないのです。数字で言えば、日本の家計金融資産の10％程度が株式等ですが、米国の場合はこれが30％以上あり、ユーロ圏でも20％弱はあります。株価上昇に伴う不労所得の増加で消費・投資が増えることを「資産効果」と呼びますが、日本はこの資産効果が欧米に比べて効きにくいわけです。持っていないのですから仕方ありません。

皆さんの周りに「日経平均株価が２万円台に乗せたから ロレックス買いました」とか、「フェラーリ買いました」っていう人は多分いないですよね。株価上昇は大いに結構なことですが、これが経済の裾野を支える家計部門に広くあまねく恩恵をもたらすかというと基本的にはそれは望めないというのが現実です。

だとすると円安と株高だけで日本の実態経済状況が反転するという想定にはやはり無理がある訳です。

倉重　ということは日本国内において景気循環させるっていう意味では、本当の意味で賃金が上がらないとだめだってことですよね。国際比較という意味で、先進諸国と比較して日本の賃金の推移はどのように分析されてますか？

唐鎌　そうですね。OECD（経済協力開発機構）という国際機関がありますけれども、ここのデータなんか見ると、**この20年弱で賃金が上がっていない先進国は日本ぐらいです**（**図1**）。

もちろん、その原因は1つではないのでしょうけれども、60％も円安・ドル高が進んだにもかかわらず実質ベースでの賃金は驚くほど上がらなかったわけです。のちほどお話に出るように、**日本には硬直的な雇用慣行がありますから、企業収益が一時的な円安で膨らんだからと言って企業は安易に賃上げに動くわけにはいかないわけです**。金融政策だけでは打開できない部分も相応にあるでしょう。

図1　年間賃金の推移

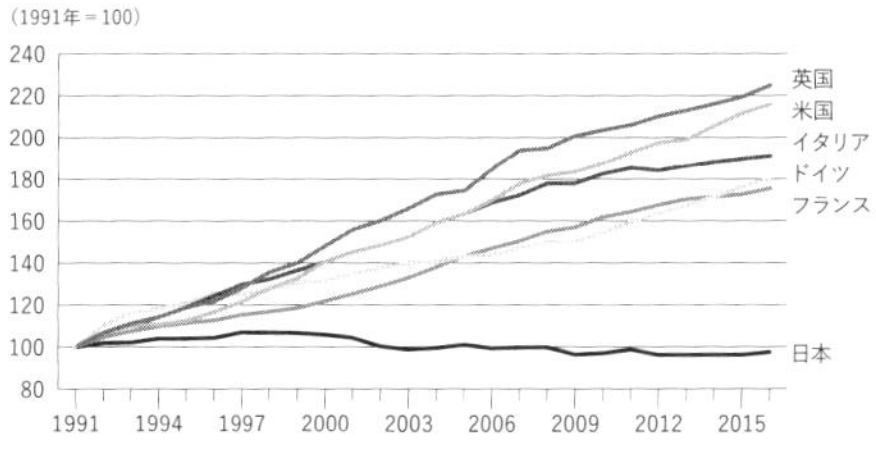

（資料）OECD ※ドイツのみ91年以降でしかデータを取得できず、91年基準とした。

倉重　図を見ますとアメリカ、それからヨーロッパ、主要国の名目賃金が上がっている中で日本だけが横ばいという構図になってますね。

唐鎌　そうですね。やはり日本には日本の上げられない事情があるのだろうと推測されます。倉重さんがご専門としてご存知の通り、**日本は一度お給料上げたら下げられないし、人を雇ったらクビにできないという実情がある中で、ほかの先進国のように上げたいときに上げられないっていう実情がやっぱこのグラフに現れている**んだと思います。

倉重　そういった現状を踏まえてですが、本丸の「賃金が上がらない」っていう話に入っていきたいと思います。

円安効果もあってコストは多少は上昇した、物価は多少は上昇したという中で、じゃあ賃金どうなってるのかって話ですよね。これは**図2**もいただいておりますけれどもご説明いただけますか。

唐鎌　厚労省の『毎月勤労統計調査』（※）から実質賃金の動向を確認することができますが、これによれば、

※　2019年２月の本書制作時点では同統計の不正調査問題が世間を賑わせているが、対談した2018年６月時点では明らかではなかった。全体の整合性に鑑み、あえてデータは当時のまま使用しているが、議論の全体感に影響はない。

図２　過去30年間の名目賃金と実質賃金の推移

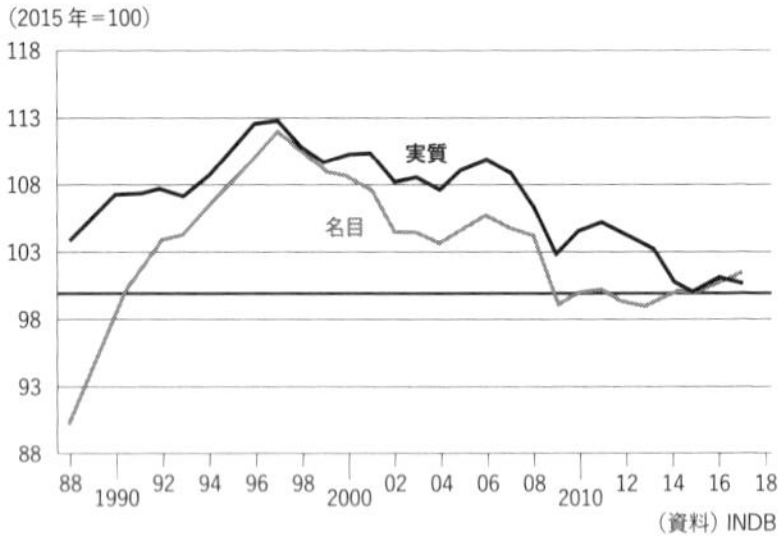

（資料）INDB

水準感で見ると、だいたい現状は**80年代後半並みからあまり変わっていません**。もちろんお給料の絶対額は増えたでしょうけれども、当然、物の値段は上がっているので、それらを加味した実質的な所得はあまり伸びていないというのが実情かと思います。

　では、円安・株高の効果が薄かったと割り切ったとして、他にどのような論点に目をやるべきなのか。ここで今回の対談のもう1つのテーマである日本の硬直的な雇用規制の存在が出てくるのだと思っています。**「円安を求めるだけでは駄目だった」の次のステージとして「正社員を求めるだけでは駄目だった」というステージが待っているということではないでしょうか**。これは有意義な視点かと思います。

　毎年毎年利益が増えていって、皆に配分できるパイがどんどん拡大していくのであれば今のシステムでも良いでしょう。それはひとつの考え方だと思いますし、日本の強みとも言われました。

　しかし今は日本だけでなくて国外からも優秀な人材を採用してこないといけないという情勢です。「うちで雇われたら給料は低いけど60歳まで安心安泰ですよ」というフレーズに魅力を感じる人がとびきり優秀だというケースはゼロとは言いませんが稀だと思います。やはり優秀な人材には需要がひっ迫し、高い値段が付く。これが自然だと思います。

倉重　まさに、いまの労働法は大体、高度経済成長期以降の判例が積み重なって法律になっています。当時の時代背景でいえば、人口増、右肩上がりの経済ですよね。どんどん生産も成績も上がっていく。そういう中では企業の未来も見えていたし、将来の保障もしやすかったでしょう。

　だからこそ給料を毎年上げても良いし、基本的には下げない、そういう考えで良かったと思うんですけど、20年後、30年後に今の会社があるかどうかもわからないですよね。

　その中では**将来の保障するよりもむしろ、「今」の役割やスキルに対して給料を払うっていう方が世界的に見てもスタンダード**になってるかなと思います。そもそも優秀な人材獲得競争を世界的に行なっている中で、「日本の会社における将来の保障」を魅力に感じる外国の方はほとんどいないでしょう。

こういう議論をすると企業は内部留保溜め込んでるんだから、それを吐き出して非正規の手当を払ってあげれば良いじゃないかと、こういうご意見も頂戴するんですけど、この点はいかがでしょうか。そもそも内部留保は正式な会計用語ではなく、また世間で言われている「内部留保」には現金化できない生産設備や資産が含まれていたりするわけですが、今回は現預金に限って話をしてみましょうか。

唐鎌　はい、内部留保とは何か……という定義をめぐってはよく論争が起きているのを目にします。具体的には「内部留保には現金化できないものも沢山含まれている」とか「正式な会計用語ではない」とかいった議論は相応に重要だとは思いますが、今回の対談の本質とはあまり関係がありません。なぜならば、「現預金」に限ってみても、事実として日本企業のそれは史上最高水準にあるからです。

これは財務省の『法人企業統計』を見れば分かります。なので、「企業が沢山利益を出しているのに溜め込んでいる」という事実を認めた上で、これを使わない企業の現状をどう評価するのかというより踏み込んだ問題意識を議論したいと思います。

もちろん、現預金を積み上げるだけでは何の利益も生みませんので、なるべく有益に使ってほしいというのが株主や従業員としての意見であり、正論だとは思います。ただ、倉重先生が今おっしゃられたように、**「内部留保（や現預金）がこんなにあるんだったら給料上げろ」という意見には慎重にならねばなりません。**

やはり企業は期待収益の高い投資をしたいわけですから、そもそもそれが日本国内であるべきかという争点もあるし、日本国内だとしても労働者の給料に使うかどうかという争点も当然あると思われますので、「カネがあるなら俺たちの給料に使ってくれ」という議論にはやはり飛躍があるとは思います。

倉重　そうですよね。今までの**円安、正社員を中心とする働き方、つまり良いものとされてきたものが本当にこれで良いのか**と。そういうことを経済法律の両視点からお話ししてきたわけですけれども、改めて価値観がだんだん昭和平成、それから次の時代と変わっていく中で、経済政策の目から見てご意見をお願いします。

唐鎌　長年、日本経済を語る上では、「日本の景気が良くなるには円安が必要」という通説に議論の余地はありませんでした。「円安なくして景気回復はない。円高になったら世の中終わり」、そのような雰囲気が漂いやすかったように思います。

しかし、過去5年間、アベノミクスの下で円安・株高を強硬に推し進めた結果、「それだけでは駄目だよね」という機運はやはり高まったように感じています。

倉重　だんだんと「日本の正社員の雇用保障はこれで良いのか？」っていう議論が少しずつ広がっていると思うんですよね。やっぱり終身雇用、その前提となる年功序列を改めて議論し直す必要がある時期にきていると言えるでしょう。

年功序列というのは基本的に毎年職務遂行能力が高まるっていうフィクションなわけですけども、このフィクションって本当に必要なのかというのが問われている時代で、レベルアップしなければそこに高い給料は発生しないよと。当たり前の話が露わになりつつあるのだろうなと思います。まさに時代の転換点だからこそ色んな問題も出てるのかなと思いますね。

唐鎌　やればやっただけ生産性が上がり、人材価値も上がる。そのような仕事も世の中にはあるとは思います。あると思いますけど、そうではないケースが多数だからこそ今、「生産性が低い。伸ばさなくてはならない」という風潮が強まっているのだと思います。そうした風潮を時の政府が応援してくれる点で、現状は良い方に向かっていると思います。**これほどまでに政策議論において「生産性」というフレーズが登場した時代はないでしょう。**

倉重　なるほど、少しずつでも変わっていければ日本経済はまだチャンスはあるというところですかね。

今日はどうも、ありがとうございました。何かしら皆さんの気づきになれば幸いです。

森本千賀子×倉重公太朗

プロフェッショナルの働き方を考える

森本千賀子●もりもと・ちかこ
1993年リクルート人材センター（現リクルートキャリア）に入社。転職エージェントとして様々な企業ニーズに応じて人材コーディネートに携わる。2017年3月には株式会社morich設立、代表取締役として就任。企業の課題解決に向けたソリューションを提案し、活動領域も広げている。プライベートでは「妻」「母」としての顔も持ち、家族との時間を大切にし、〝トライアングルハッピー＝パラレルキャリア〟を大事にしている。

倉重　今日のゲストは元リクルートで営業ナンバーワン女子として活躍していた伝説のエージェント、森本千賀子さんです。森本さん、簡単に自己紹介頂けますか？

森本　関西出身で、大学でこちらに出てきまして、卒業とともに新卒でリクルートの子会社に入社をしておりました。人材業界を志望していたので、あえて子会社に入社をし、気が付いたら25年おりまして、ずっと転職エージェントという仕事をやってきました。

途中まで組織マネジメントをやってきていたんですが、ちょうど第2子の出産を機に、主人が出張族になってしまったこともあり、自己完結型の仕事をということでコンサルタントの道に再度キャリアを戻しまして、そこから転職エージェントとしてコンサルタントをやりながら、講演をしたり、執筆活動したり、会社の顧問をやったりして、二足のわらじ？　いわゆる「兼業」のカタチをとってきました。

2014年からは、個人事業主の申請をして、会社にも認めてもらい兼業をやってきました。あるお客様から法人じゃないとお付き合いができないと言われたので、じゃあということで、2017年の3月に株式会社ｍｏｒｉｃｈを、実はリクルートに在籍しながら起業しました。半年間、並走していたんですが、自分の会社の方での仕事のウエートが増えだしたこともあり、必然の流れの中でそちらの方にシフトすることを決め、2017年の10月に独立ということで、転職エージェントを軸に、今オールラウンダーエージェントとしてやっています。

倉重　お子さんが今、2人いらっしゃいますよね。で、旦那さんは出張族で、全然育児の協力も期待できないと。

森本　第1子のときは実は相当サポートしてくれていました。なぜなら私がマネジメント業務をやりたかったのもあって、そういう意味ではかなりイクメンとして、保育園の送迎からいろいろな意味でのメンタリティーなサポートも第1子のときはかなりのウエートでしてくれていたなと今から思うと、感謝しています。

倉重　第2子になってそれが随分変わったんですか。

森本　第2子になって、物理的に平日は地方に出張三昧で家にいないという。かつ私自身が生まれは関西なので実の両親のサポートも得られない。

倉重　ご両親に頼るわけにもいかないと。

森本　そうなんです。だからもうある意味、第3の家族というんですか、「家族外家族」とかよく言っていますけれども、そういう他人様のサポート・支援を得て、何とかやりくりしてきたという状況です。なので、私の働き方もマネジメントから自己完結で仕事ができるようにということで、いわゆるキャリアチェンジですよね。コンサルタントという、現場に戻るという一兵卒の営業に戻るということの決意も、意思決定も第2子の出産後の育休明け2010年のときにリスタートしました。

倉重　まず、だから自分自身の働き方を変えないと家庭と仕事を両立させるのは無理だなと思われたということですよね。

森本　もう潔くそこは変えました。

倉重　マネジャーだとやっぱり無理でしたか。

森本　できなくはなかったんでしょうけれども、恐らく自分の中でストレスを感じながらやっていただろうなと思って、そこはもう思い切って私の中でけじめをつけたというんですか。

倉重　やっぱり人の行動ってコントロールできないし、想定外のこととかもいろいろあるしね。

森本　何よりも緊急事態、有事のときに対応ができないというのはやっぱりマネジメントとしてはいかがなものかというのは自分の中でやっぱりあったんです。その時は、まだ子供も2人、私でしかサポートできないという思い込みや意識もあったので、なのでもうそこは思い切って、**自分のキャリアを変えるというほうにシフトしました。**

倉重　女性のキャリアってかなり難しいですよね。いろいろ皆さん悩まれる人、多いと思うんですけれども、何歳で出産したら良いのかとか、育休、いつ取ろうかとか、その間に昇進をどこまでしようかとかいろいろあると思うんですけれども、意識していたことはありますか?

森本　そういう意味でいうと、第1子は私、33歳で生んでいるんです。タイミングを意識してというか、戦略的にというわけではないんですが、第2子が39歳の時に出産しているんですが、なかなかできなくて、相当に辛かった不妊治療も経験していますし、流産も一度経験し、そういうリスクをやっぱり年齢とともに私自身負っていたんです。そういう意味でいうと、**今から振り返ると、もっと戦略的に考えておけば良かったなと思います。**

倉重　例えばどういうことをですか？

森本　第1子の出産年齢や、第2を考えるタイミングをいうのをもっと前倒しで。よく前倒しキャリアと私はよく言ってるんですけれども、もっと前に前に倒してチャレンジしておけば、もしかしたらマネジメントを続けていられたかもしれないかなと思っています。

倉重　森本さんはよく女性に対して「早く管理職経験しろ」とおっしゃいますよね。

森本　そうなんですよ。

倉重　その心は？

森本　出産というそのものがまず一つみんな初めてで大きな壁になるんですよ。「ワーキングマザー」って未知なる世界なので、想像がつかない分、不安なんですね。ましてやそこに掛け合わせの管理職も初めてとなると、さらに見えない不安が重なる。

倉重　ダブル初めてというわけですね。

森本　ダブル初めてというので、ものすごく高くてすごいぶ厚い壁に感じてしまうんです。なので、先に管理職だけでも経験しておくと何が大変かというのがまず理解できます。どういうことが大変なのかという。

倉重　ある程度先が読めるということですかね。大変さは変わらないとしても、見通しが立つのは大きいですね。

森本　想像もつかない不安というよりも、どういう点が大変か、何を準備すれば良いかの予測がつくことは大事ですね。あと、もう一つは女性にとってマネジメントって非常にやりがいのある一つのミッションなんですよね。大変だけれども、やりがいがあるということも分かるので、この程度だったら乗り越えられる、かつ乗り越えた先にはちゃんと自分らしさとか、自分が生かされる道があると思えると、実は容易に越えられるんです。

なので、出産前にその経験さえしておけば、いわゆる**ワーキングマザーという一つの壁だけ乗り越えれば、マネジメントのチャレンジって実は容易にできてしまうものなんです。**ただ、出産前にしておかないと、出産後だと高くてぶ厚い壁なので、もう乗り越えることすらできなくなっちゃうという問題があります。

倉重　確かに、子供育てながら管理職という未知の山に登るというのはちょっとしんどいですね。

森本　相当しんどいと思います。メンタルも含めて。なので、**できるだけ前に前に倒して経験しておくというのは、今から思ったらもっと私もやっておけば良かったかなと。**

倉重　前倒しキャリアですね。森本さんご自身の働き方というのも、もう好むと好まざるというか、必然的にそうしないとやっていけないという形で変えていったロールモデルになりますよね。

森本さんとお会いする度にいつも思うんですけれど、森本さんはNHK『プロフェッショナル　仕事の流儀』でも取り上げられ、やっぱりお仕事も家庭も何でもこなす「スゴイ人」ですよね。**朝3時とか4時に起きてメール返信とかするじゃないですか。**

では、これからの社会は仕事も育児も超人的にこなしていくような人じゃないと、活躍できないのか？　と思ってしまうんですね。仮にそうであれば一部の「スーパー女子」しか両立できないみたいな話になっちゃうんですけれども、いわゆる一般的な女子がキャリアを築く上でのアドバイスもお願いします。

森本　私も特別な何か、能力とかスキルがあるわけではないですよ。例えばキラキラするキャリアの人っているじゃないですか。

倉重　それはあなたですよ（笑）

森本　えー！　いや、いや、本当にみんなが羨むような偏差値の高い中学・高校・大学生活を過ごし、留学をして、MBAホルダーで人気企業ランキング上位の会社に入社……みたいな、そういうバックグラウンドが私はあるわけじゃないんですよ、本当に。どっちかというと野武士的な。

倉重　たたき上げと言いたいんですね（笑）

森本　たたき上げですよ。私はリクルートの中でも、株式会社リクルートの親会社ではなくて、あえて子会社に入っているんですよ。それは人材ビジネスやりたかったからなんですが、もう一つ戦略があったのです。私は何であえてわざわざそうしたかというと、**マイノリティーの方に価値があると思ったんです。**

倉重　「マイノリティーの方に価値がある」というのは良い言葉ですね。

森本　競合のたくさんいるレッドオーシャンのところに行っても、私は活かされない。実は大学1年生のときにそれを思い知ったんです。

倉重　何でそう思ったのですか？

森本　私、実はすごく田舎の高校だったんですけれども、学年の中でもちょっと英語は得意だったんです。あくまで高校の中では、ですよ。それを強みに活かそうということで、英語学科に入ったんですけれども。

倉重　英語学科に？

森本　そうです。入ったんですけれどももう、入学式からすぐ3日ほどで分かったんです。

倉重　早い（笑）

森本　英語の得意な人なんていうのはごまんといて、高校で留学したとか帰国子女とか、こう言っちゃなんですけれども、今さら勉強しなくてももうもうペラペラで。私はもう一生懸命勉強して、やっと取れる点数が、彼女たちからすると、生きてきた軌跡というか、環境がそうさせたみたいな。

倉重　「普通だよ?」「何もやってないよ?」と言いながらスゴイできるやつですね。

森本　そう。そこで私はもう、あ、この中で私が一生懸命努力しても勝てないなと。自分のバリューとして希少価値にはならないなと思ったわけです。

そこで「女性×管理職」なんです。マイノリティーなドメインというのは、要は需給バランスです。

倉重　なるほど。

森本　需給バランスが大事で、別に少ないからというだけがいいわけではなくて、やっぱり需要がないと意味がなくて、需給バランスが大事です。

倉重　そういう意味だと、今で言えば、建築とかITエンジニアとかもそうですね!

森本　そうです、女性の中だと、女性の理系ですね。リケジョっていうのもまだまだマイノリティーだと思います。

そういう希少価値のあるところでやらせてもらったことが今につながっていて、もう一つ言うと、実は私のこの転職エージェントもそうで、実は人材紹介業というのには厚労省の認可が必要なんですけれども、2017年には2万社超になったんですが、私が多分入った頃というのは多分数百社もなかった時代なんです。

倉重　そんな少なかったですか。

森本　だからそもそもこの業界で20年やっているということが一つのバリューにもなっているという。女性がある意味この中でやっていこうと思ったときには、そういう逆バリ戦略が大事です。

倉重　**「逆バリ戦略! ブルーオーシャンを行け」ということですね**。

森本　はい。マイノリティー戦略です。求められているのに少ないというところです。だからさっき言った女性×管理職は絶対やっておくべきと思っているんです。

倉重　先日、国会でも働き方改革法案が成立して、国としても本気で働き方改革に取り組むぞということで労働基準法も変わり、行政も強く後押ししている。企業も取り組んでいる。でもじゃあ、働きがいのある職場が増えたな、働き方が良くなったなと思っている人がどれほどいるのかってことですよね。

森本　**多分、すごく強く感じるのはキャリアということの本質的な議論というのがまだまだ少ないからではないでしょうか**。戦略的に社員一人の例えばキャリア開発や仕事のアサインメントも含めて、その人がより成長する環境をどうやってつくってあげたらいいかという視点でみるべきなんですよね。

しかし、そういう議論ではなくて、とにかく「管理」する人事が多かったりしているのはすごく感じます。

倉重　今、キャリアの本質的議論という意味では、例えば昔の日本型雇用の場合はもう会社に入る、入社するという言い方が表すとおり、基本的に人生をそこで捧げるという終身雇用でやっていくというのが前提ですよね。そうすると昔のキャリアというのは、基本的にその会社の中でのキャリアという意味だったわけです。

しかしもう終身雇用というのは事実上なくなりつつある中で、多分、今の会社でのキャリアというのが見えなくなってしまっている人が悩んでいるんだろうなと思う訳です。

森本　いやいやもう、まさにまさにそう思います。

ただ1個だけ言えるのは、例えば日本の労働人口の約半分の49%がAIやロボットに置き換わる可能性があると野村総研がデータを発表しましたが、じゃあそうなったときに自分がやっていた仕事が、ある時AIで対応できるようになったからやらなくていいよと言われたときに、じゃあBやCという選択肢がその瞬間とれるという準備をしておくというのが大事かなと思っています。

倉重　**変化適応力**ですよね。

森本　そうです。そのためにも、「もうこのことしかできません」みたいなキャリアの人をつくっちゃった瞬間に、会社側としても、その人を活かせなくなるんですよね。

倉重　昔のように2~3年に1回、機械的にエクセルはじいて配置転換、異動じゃなくて、この人はこういうパーソナリティーを持っているから、こういう経験をさせてあげた方が良いよな、というのをどんどん人事が戦略的にしていくべきで、それは社内で異動する場合もそうですが、社外に出る場合も同じことですよね。

森本　**そうなんです。だからそうしていけば、多分わざわざ社外に転職しなくても、十分その会社の中でその方自身のバリューが上がっていくし、ちゃんとそういう選択肢のあるスキルも磨かれていくと。**

倉重　もうIBMのワトソンでそういう細かな個人ごとのキャリア提案というのもできるようになってきているから、そういうもっと細かなマネジメントというのはもしかしたらAIの力を借りてできるようになっているのかもしれないですね。

森本　そうですね。もうその日は近いと思います。

倉重　私も大学で学生さん向けにキャリア教育をやることがあるんですけれども、結構この話を伺ってみると、やっぱり安定志向というか、大企業の正社員になりたいという希望を持つ学生さんが多いですね。

森本　今も昔と変わらずめちゃめちゃ多いです。でも、じゃあすごく偏差値の高い大学を出て、人気企業ランキングの上位の企業に入った人たちが本当に皆さんハッピーになっているかというと、決してそうじゃないという現実も見ています。

本当にその人のやりたいウィル・想いみたいなものを活かせる場所って、多様にあるので、それをもっと早く

から考える機会をつくって、意識してほしいと思います。

倉重　特に今おっしゃった新卒一括採用だと、決められた一時期に「わーっと」やって、「わーっと」内定をいくつも取って、「わーっと」どこに入るか決めるじゃないですか。その中で必ずしもそれが１００％良い選択かどうかというのは分からないですよね。

森本　そうなんです。

倉重　「ある女性からのメッセージ。50歳で初めての転職」っていうエピソードを教えて下さい。

森本　これはずっと専業主婦をやられていた方なんです。結婚してから。50歳のときに、お嬢さんが大学生で、大学4年生で就職活動で履歴書を書いているのを横で見て、私も仕事をしたいと、初めて思ったのがちょうど50歳。

倉重　それはすごいですね。

森本　そう。ただ、履歴書を書いていろいろなところに送るんですが、なかなか雇ってもらえず、何とか採用してもらえたのが、あるホテルのパートで、時給８００円の仕事だったんです。そこからスタートしたんです。そうしたらあれよあれよという間に営業部長になり、そのホテルの副支配人までになったという方なんです。彼女がやっていたのは、**まずもう思い立ったら吉日なので、年齢は関係ないと。Never too Late だと**。何事も遅過ぎることはないという。もうやろう、やりたいと思ったそのときが吉日で、それはやるかやらないかだと。

もう一つ言っていたのが、専業主婦の仕事も当初は送っても送っても履歴書が通らなくて、面接にも呼んでもらえなくて、自分のこの20数年やっていた専業主婦生活が無駄だったのかと悲しくなったそうなんですけれども、入ってみたら、結構ノウハウとかナレッジが活かされたらしいんです。専業主婦で培ったものが。どんなことも無駄じゃないなということが分かったそうなんです。何かそういうことをその彼女自身から教わったという。

倉重　専業主婦という職業は、もう今やぜいたくな職業になりつつありますしね。

森本　はい、そうです。もう今や、もう幻の職業ですからね。

倉重　幻の。

森本　幻の職業ですから。

倉重　実際、私の知っている方で、40代まで専業主婦をやられて、近くの会社でパートをやり、その後正社員に登用され、登用される中でいろいろ勉強したいなと思って大学の夜間に行って、大学出たら、その後、大学院まで行き、院が終わったら今度は大学講師になった早川由美さんという方がいます。その方は、現在も東洋大学で教壇に立たれているんですけれども、本当にNever too Late そのものですよね。

森本　そうですね。まさにいつからでも本当に遅くなくて、やろうと思えばできるという。なので、専業主婦の方もそうなんだとすれば、そういうおじ様たちだとしても同じですよね。

倉重　同じですね。

森本　**いつからでもできるんですよ**。

倉重　私は主婦だから、経験ないから。いやいや、私はもう50過ぎてこの会社しか知らないから。同じことですよね。

森本　同じなんですよ。

倉重　なるほど、良いですね。そういう意味で、改めて、女性のキャリアという話に行きたいと思いますけれども、ライフイベントというのがある中で、これからの女性のキャリアのつくり方はどういう風に考えていったら良いですか。

森本　さっきもちょっと申し上げましたけれども、やっぱり今、女性の管理職比率がまだまだ低いんです。でもこれから労働力を確保していく上でも、企業はもう女性をちゃんと活躍推進して活かしていかなきゃいけないと思っているので、そういう意味でいうと、とにかくロールモデルをどれだけたくさんつくって、今いる女性の人たちがそこを目指して頑張ろうと思ってもらえるかが重要です。その意味でも先程述べた管理職を目指して、自分のキャリアを作っていって欲しいなと思います。

倉重　自社にはロールモデルがいないという悩みも結構聞くんですけれども。

森本　そういうときは……。

倉重　自分がそうなれと？

森本　そうです。**自分がそうなれ。もう、誰かがそのフロンティアでつくらないと、一生誰も生まれないわけですよ**。誰かがフロンティアになるんです。フロンティアランナーになるという、その心意気というんですかね。後から続く後進の、後輩たちのためにも、自分たちの子供たちのためにも自らがそのロールモデルになっていくという姿勢が大事です。

倉重　だから女性のキャリアという話をしたときに、冒頭でも出ましたけれども、モリチさんみたいなスーパースターじゃないと、**スーパーウーマンじゃないと何か両立できないのかといったらそんなことはなくて、専業主婦生活が長かったとしても、またキャリアの復帰は十分可能であると**。そういう時代になってきたということですね。

森本　そうです、そうです。

倉重　これからの時代を生き抜くにあたって必要なのは、自分のキャリアを会社任せにせずに、向き合う姿勢ですよね。

森本　そうですね。覚悟、と言っても良いかもしれませんね。現に今はご主人の給料だけじゃやっていけない時代なんですよ。教育にもものすごいお金がかかりますし、もしかしたら今の子供たちが大人になるころにはフロアの半分ぐらいは外国人かもしれないですよ。

倉重　確かに。

森本　そうしたら**英語がしゃべれるなんていうのはアドバンテージでもなくて、もう当たり前**。ということは留学したいと言われたらさせてあげないと、親の務めが果たせないという。今、じゃあ1人、留学させようと思ったらどれだけのコストがかかるかということを考えても、共働きしないとそういうチャンスさえあげられない。特に女性の方でいうと今多いのは3組に1組はバツイチなんです。手に職とか収入の確保がないとその選択肢も取れないということです。

倉重　やっぱり**女性の重要なキーは自立できるかという話**ですよね。

森本　そうなんですよ。もう自立できるかどうかによって、自分の将来の人生の選択肢が大きく変わるんですよね。

倉重　でも森本さん自身もお子さんが誕生したときに、子供を預けたりとか、子供と離れて仕事する意味って何だろうとすごく考えられたんじゃないですか？

森本　はい。思いました。

倉重　ぜひそのお話を。

森本　実際に長男が生まれて、復職の為に保育園に預けに行った初日のことです。長男がそれはそれは大きな声で泣き止まないんです。後ろ髪引かれながらも、保育園を後にして、出て行った時のことです。涙が流れてきたんです。そこまでしてやる「働く意味」は何だろうと。長男は、自分で行きたくて行っているわけではない。恐らくママと離れたくないと思っていたと思うんです。**そこまでして仕事をする意味、私にとっての大義って何だろうと、本当にそう思ったんです**。

私が子供たちにできることというのは、ある意味、ずっと一緒に肌身離さずそばにいるということよりも、生き生きとした大人でいること。そういう背中を見せることだなと思っています。子供たちが希望を持つのはそういう背中を見ながら「早く大人になりたい」「人生は希望に満ちている」「すごくエキサイトする世界がある」という風に思わせてあげることかなと思っているんですね。

倉重　きょうのモリチさんのメッセージの中では、キャリアと本気で向き合う覚悟が大事だと。また、「Never too Late」この辺がキーワードになっているかなと思いますけれども、これからの本当に未知のステージへ日本経済も入っていく中で、一人ひとりの労働者、働く人々というのはどういう意識を持っていたら良いのかなというところを最後いただけますか。

森本　結局、収入のために一生懸命頑張っていても、ある意味、自分のモチベートみたいなものには限界があると思っていて、やっぱり**究極は本当に自分は何のためにこの仕事をするのかということに立ち返ると思っています**。私は父の影響が本当に大きくて、ちょうど私が小学生のときに父は脱サラをして、私が中学・高校生の頃彼の背中をずっと見てきました。

父は地方の中小企業に勤めていたので、「人・物・金」苦労はしていたんですが、特に苦労していたのが「人」だったのです。思うように採用できない、やっと入社したと思ったらすぐに辞めてしまう……。

そこで私は、父が最も苦労していた「人」の部分にフォーカスして、人のソリューションというのを自分の生業にしたいと思ったのです。ですので、あえてリクルートの子会社に入っているんです。中小企業の人の部分で応援しようと思って。

父の背中を見てそこに行き着いたんです。それが私の究極の大義です。**私にとっての大義とか何のためにやるのかということを、心に留め置くことができてからは、もうぶれなくなったんです**。なので、そういう自分にとっての働く目的、大義やミッションをいつもしっかり考える、そういう働き方改革が必要だと思っているんです。

多分働きやすさとか、制度構築も大事なんですが、何より「働きがい」も大事ということです。

倉重　福利厚生が充実しているか、労働条件はどうか、有休が取れるか、とかじゃなくて。

森本　そうなんですよ。何で皆さんはこの仕事をやっているのかという、例えば会社にとってのビジョンだとか理念だとか、結果としてその個人にブレイクダウンしたときに、その人にとっての大義みたいなものを、しっかり認識しながら日々仕事ができているかということがすごく大事だと思っています。

なので、そういう環境をどうやってつくっていけるかとか、日々そういうことを意識できるような啓蒙ができるかとかということが大事だなと思っています。

田代英治×倉重公太朗

「プロサラリーマン」への道

田代 英治●たしろ・えいじ
社会保険労務士、株式会社田代コンサルティング 代表取締役。1985年に川崎汽船株式会社入社。人事部において人事制度改革・教育体系の抜本的改革を推進。2005年同社を退職し、社会保険労務士田代事務所を設立。2006年株式会社田代コンサルティングを設立し、代表取締役に就任。人事労務分野に強く、各社の人事制度の構築・運用をはじめとして人材教育にも積極的に取り組んでいる。

田代　田代英治と申します。今、株式会社田代コンサルティング代表として活動していまして、主にやっていることは、人事コンサルタントということになるんですが、肩書きとしては社労士という肩書きもあります。

　これまでのキャリアを少しご紹介させていただくと、私は1985年、昭和60年に大学を卒業して、大手海運会社に入りまして、そこから社会人としての人生がスタートしました。その会社は2005年まで20年勤めました。最初は営業部門に合計7年いまして、大きな転機が来たのが、その8年目の人事部への異動ということになります。それまでは、ずっとこのまま営業を続けていって、ゆくゆくは海外の駐在員になるというのが私の夢でした。そこで、突然異動がありまして、人事部に行けと。そこから自分のキャリアが180度変わったと思っています。

　そして今は、会社での人事経験を活かして独立し、元いた会社の社外人事部のような仕事を引き受けています。

倉重　ありがとうございます。田代先生のお話を聞いて思ったことはまさに今、多様な働き方といわれている中で、**その会社に労務を提供する、働くというのは、雇用契約じゃなくても良いんじゃないかと思いますよね。**

田代　そのとおりですね。

倉重　フリーランスという働き方も、随分広がっていますけれども、田代先生は13年前からそれをやっているわけですよね。

田代　そうですね。

倉重　さて、実際に会社を退職して、フリーランスの社外人事部という形で前職の会社と関わるようになり、人事コンサルタントとして実際にやってみて、フリーランスのメリット、デメリットはどういう点がありますか?

田代　メリットは、一番大きいのは、自分の価値観で仕事ができるということです。

サラリーマンですと、やっぱり自分の価値観に合致せず、やりたくない仕事までやらなければならないとか、合わない上司の下で働くとかいろいろあります。フリーランスだと、もう自分が全て責任を負って、自分の裁量で仕事ができるので、その点は非常に魅力的ですね。

倉重　あとは、異動がないとか、出世を気にしないというのも、仰っていましたよね。

田代　そうですね。もう**異動がないということで、この人事の仕事にエネルギーを集中できます**。そして、勉強もそこに集中してやれば良いわけで、学習意欲もわきますね。

他に異動するという可能性があると、今はこの人事のセクションで人事の勉強をしているんだけれども、ひょっとしたらこれは先に活かされないかもしれないから、あまり勉強してもどうかなという風にも思うかもしれません。独立すれば、もうそういう懸念もなくなったので、その人事の道でどんどんブラッシュアップしていこうと学習意欲がわきますので、それもメリットかなと思います。

倉重　一方で、そのメリットを享受するためには、それ相応の責任というか、リスクも当然付き物ですよね。

田代　そうですね。けれども、**リスクは会社に残っていてもあるでしょう**。そもそも会社がそのままずっと存続するかどうかわかりませんし、残ってもリスクはあると思います。確かに独立していない人から見ると、独立は、リスクの大きい働き方という風に見えるかもしれないけれども、フリーランスとして1人でやっていくくらいの働き方は、やり方を間違わなければ、誰でもできるんじゃないかなと思っています。

倉重　要するに、リスクの捉え方として、会社にいるということ、会社に正社員として残るというのは、これはリスクがゼロなのかと、そういう話ですよね。

まさに今、世の中というのは、大きくテクノロジーなどにより変革していく中で、この会社が10年後、20年後にあるんだろうかというのが根本ですね。

また、会社が仮にあったとしても、自分の居場所はあるんだろうかと。こういうリスクは、おそらく誰にとっても関係してくる話の中で、やはり「しがみつく」とか、**「なんとか現状を維持する」ということが、逆にリスクという場合もある**ということですね。

田代　そうですね。ですから、自分で自分の道を行く方が、変化に対して柔軟に対応できるでしょうし、自分でいろいろな流れを把握しながらやっていく方が、むしろリスクが少ないんじゃないかなと思います。会社に身を任せていることで、ひょっとしたら、会社もとんでもない方向に進んでいるかもしれないし、余計にリスクがあるんじゃないかなという風に思います。
倉重　あと、もう田代さんの場合は、退職した会社とのお付き合い方というのが、また独特ですよね。独立後も、ずっとクライアントとして関わり続けるという。
田代　はい。もう13年になりますけれども、最初は独立した直後は、それまで人事でやってきたことを、そのまま独立しても続けていたという感じでした。13年間、毎年、契約更新のタイミングがあるんですけれども、正直、最初はびくびくしていました。
倉重　そう、契約を打ち切られるんじゃないかと不安になるわけですね。
田代　そういう緊張感がありました。
　その後、自分も独立した直後の自分ではなくて、13年間人事コンサルタントとして経験し、蓄積したものがあるので、それをどう還元するかと、どう自分の価値をどのようにその元の会社に伝えるか、与えるかというのを、ものすごく考えるようになりました。
　ですから、社内のセミナーなども、私が講師としてやったりとか、今はハラスメントの相談窓口も担当したりしているんですけれども、それも独立した立場の人間として、それなりのスキルを持った人間として請けたりもしています。独立して13年間の中で、自分の役割も、少しずつ変わってきていると感じています。
倉重　でも、前の会社さんも、すごく寛大ですよね。普通、会社の提示した異動に従わないで、「辞めます」なんて言ったら、「じゃあ、もうおまえは関係ない」と、「もうさようならだ」という風な対応をされちゃう会社は、結構多いのかなと思うんですけれども。
田代　多いですね。私が聞いた範囲でも、もしその会社（大手海運業）で、自分の部下が私のように会社を辞めて業務委託契約で「残りたい」なんて言ったら、もう「辞める」という言葉が出た瞬間に、「この人はもう村から出て行く人なんだ」という風に捉えられて、「はい、さよなら」みたいな感じになるそうです。
　だから「田代さんの会社のような事例は、なかなかないんじゃないの」というようなことを言われたことがあり、あの先進企業でも、そうなのかということで、元の会社のありがたさを感じるとともに、世の中はまだまだ壁が高いんだなというのを感じましたね。
倉重　ただ、それは前の会社が特殊だという話でしかないのか、今後とも他の企業は、変わらなくて良いのかという話だと思うんですよね。
　まして今後は、ますますいろいろな制約というのが、日本人にかかってくるわけです。労働力人口減少、介護問題、育児もそうですし。あるいは、田舎に帰るとか移住するというのもありますし、そもそも働くということをどこまでコミットしていくのかという価値観は人それぞれという中で、かつテクノロジーによって、いつでもどこでも働けると、こういうのが進歩した中で、会社としても、**必ずしも総合職正社員として残るだけが、働いてもらう在り方ではない**と思うんですよね。

業務委託、フリーランスという関わり方は、当然あって良いんじゃないかと思います。そういう風に会社の意識も変わってくれないかなと、田代さんからして思いませんか？

田代　思います。業務委託という選択肢があるんだという、それを使うかどうかは別として、選択肢の1つとして、それをもうちょっと考えてもらったらどうかなと思います。

倉重　会社としてのメリット、つまり使う側として、業務委託を活用するメリットとしてはどういう点が挙げられますか？

田代　使う側としては、例えば私のケースで言うと、**内部のことを知っている、外部の人間という、一番価値が提供できる存在を利用できる**ということです。

倉重　やっぱりずっと人事の仕事をしていますからね。他の人事部員は異動で居なくなってしまいますしね。

田代　はい。その会社のことは、もう大体分かっているし、それなりの知識やスキルを有してということで、この人材を外に出してしまって良いのかと。その人材を、ずっとじゃなくても必要なときに必要なだけ活用すると。だから、雇うんじゃなくて使用するという感じじゃないですかね。

倉重　必要な分だけ使うと？

田代　そうです。

倉重　そうすると、人事の人というのは、多くの会社ではローテーションになっていて、何年かで入れ替わってしまうわけですから、10年、20年前のことを、どうしてこの制度はこうできたんだっけとか、そういうことを知っているのは、むしろ田代さんだけみたいなところがあるわけですよね。

田代　そうですね。まさにその価値は高いと思います。多くの会社は、そんなにきちんと引き継ぎができているわけじゃないし、細かいところまで引き継ぐのは難しいと思います。それを**ある人間がずっと見ていて、後進に伝えるという役割、これは大事じゃないか**なと、価値があるんじゃないかなというふうに思います。

倉重　一方で、これはちょっと意地悪な質問かもしれないですけれども、私がこういうことを言うと、「また労働者を切り捨てるために、業務委託を流行らせようとしているのか」と言われたりもするわけです。

要するに、労働力の使い捨てのために、解雇とかを逃れるために、そういうことを主張するのか、みたいなことをおっしゃる方もいらっしゃるんですね。もちろん、田代さんの場合は全く違うと思うのですが、そういうご意見に対しては、どう思われますか？

田代　ですから、そういう制度をつくる目的がどうかということですよね。私の場合みたいに、個人にも会社にも両方にメリットがあるという、そういう趣旨で制度を作ってみると大きな問題じゃないと思います。

あくまで本人からの希望があってという風な従業員サイドにも配慮したような制度であれば、問題ないと思うのですが、ある業務を会社の都合で、一方的に一律に業務委託に切り替えるみたいなそういう、そこには本人の意思もないみたいな形だと問題が出てくるんじゃないですかね。

倉重　つまり、単に人件費、コストを削減したくて業務委託にするとか、そういう話ではなくて、やはり会社は会社で、全体最適の観点から人事異動というのを設計する訳ですよね。

一方で、個人は個人で、個人のキャリア自律の問題がありますから、自分は人事でやっていきたいという思いがあって、それと会社の思いが、相反するわけですよね。

そういうときに、この両方を合致させるというか、**会社も立てつつ自分の意思を貫くというやり方として、田代さんはそのフリーランスの道を選んだ**ということですね。

会社としても、田代さんの想いがある中で、田代さんが完全に居なくなってしまうよりも、フリーランスとして残り続ける方がメリットだということですね。

田代　そうですね。やっぱり会社の不安なところは、おそらくフリーランス的な働き方をさせてしまうと、外部の仕事、全く違う会社の仕事もしているわけだから、情報が漏れるんじゃないかとか、なんか不利益ことがいろいろなところで出てくるんじゃないかというのを恐れているかもしれません。でも、**私のような形で独立した人間というのは、自分の意思を尊重してもらい、独立させてもらったというその思いもあるので、その懸念はまずない**と思います。

倉重　恩がありますから裏切ることはできないですよね。

田代　恩があります。情報漏えいして、会社に迷惑を掛けるようなことは、プロフェッショナルとして絶対にあり得ません。むしろこの会社に対して、どう貢献したいかという思いの方が高まっていくはずなので、やってみると良い結果が出るんじゃないかなと思うんですよね。

倉重　むしろ従業員当時より、エンゲージメントが高まってるんじゃないですか？

田代　エンゲージメントが高まっています。外部のコンサルタントして、客観的に見て、「今、ここはちょっとまずいよ」みたいなこともアドバイスできるし、いろいろな意味で、前よりも、**変な話ですが愛社精神が高まった**というか、そういうのはあるんですよね。

倉重　田代さんのような新しい第3の道として、自分のキャリアと会社の異動の体制というのを、両立するフリーランスという道を見つけられたわけですけれども。一般論として、ジョブ・ローテーションというのは、いろいろな会社でやっていますよね。

そのとき、40代になって、ある程度専門性もできて、「さあ、この分野でやっていこう」と思っている人に対して異動を命じてしまう日本型雇用におけるジョブ・ローテーションってどうなんだろうという風に、正直思ったりもするんですけれども、田代さんから見てどうですか？

田代　いや、全くそのとおりでして、私が今、こういう働き方をしているというのは、ジョブ・ローテーションがあるということが一番大きく影響していると思うんですよね。今、倉重先生がおっしゃったように、やっぱり**ある程度のキャリアを積んだ40代の半ばぐらいまで来たら、もうその後はやっぱり本人がやりたい仕事とか、一番適性がある仕事とかをある程度続けられるようにした方が生産性が高い**と思います。

倉重　そこを突き詰めていくということですよね？

田代　そうですね。若いうちは、ジョブ・ローテーションがあっても、私は良いと思っていて、例えば20代や30代の頃は、自分が能力を発揮できる分野が自分でも分からないケースが結構あると思うんです。

そこの部門に行って、この仕事をやってみて、初めて「あ、俺にはこういう能力があったのか」とか、「こういうのが好きだったんだ」というのが、分かるケースがあるので、その中で自分の専門分野とかを見つければ良いと思うんです。

また、私は人事部時代の上司に、「2つ以上の専門性を持て」と言われたことがあるんですが、確かに、複数の部署を異動し、異なる業務を経験することによって、視野が広がり、幅のある経営人材に育つ効果もあると思います。

だから、若い年代のジョブ・ローテーションを私は否定しません、むしろ個人的にはそれがあったからこそ、今の自分があるぐらいの感じなので、良いと思うんですが、中高年はまた別だと思います。

倉重　つまり、ジョブ・ローテーションの全てが悪いという話じゃなくて、最初は何が向いているか、どんなスキルがあるかも分からないし。現に新卒なんてスキルも何もないわけですから、**ある程度、方向性を見つけるまでは、ジョブ・ローテーションでいろいろな仕事をやっても良いだろう**ということですね。

ただ、せっかくある程度の専門性が身に付いた人をわざわざ異動させちゃうのは、ちょっともったいない、そんなケースもありますということになりますね。

田代　そうですね。だから、ジョブ・ローテーション制度として確立してしまうと、もう制度だから3年ごとに動かさなきゃいけないという、この決まり事の中にはまってしまいます。**今後、異動政策をどのような形で運用**

していくのかということを見直さなきゃいけないんじゃないかなと思います。

もう一つ指摘しておくと、今、長時間労働になっている会社の1つの要因として、このジョブ・ローテーションも影響があるんじゃないかなと思います。それは、**異動があまりにも多いと、一時的な戦力ダウンの時期が頻繁に出現する**ということです。異動後のすぐのタイミングの人は、その業務に対するスキルや知識は低いですよね。

倉重　最初は慣れないですから生産性も低いですもんね。

田代　慣れない新入社員が、半年ごとに入ってきているような状態なので、そうすると、そのできない人に対して教える人も時間がかかるでしょうし、その本人も時間がかかってしまうので、長時間労働の1つの原因にもなっているんじゃないかなと、思っています。

倉重　なるほど。要するに、無駄が多いということですよね。

田代　無駄が多くなってしまいます。

倉重　その**40代以降の異動の在り方というのを、あらためて見直す時期にも来ている**んじゃないかということですね。

田代　来ていますね。

倉重　それは、異動の在り方のみならず、おそらく関わり方というか、雇用契約・業務委託契約など契約の在り方を含めてですよね。

田代　そうなりますね。そこを変えようとすると、今おっしゃったように、いろいろなところに波及してくると思うんです。人事制度、新卒採用なのか、中途採用なのかとか、もういろいろな日本型雇用の全てのパッケージをやっぱり変えていかなきゃいけないかもしれません。

また、スキルアップのためにはあえて異分野へ行くことも良いでしょう。つまり、居心地の悪い場所に行けと、アウェーに行けと。

倉重　これはどういう意図ですか。

田代　**いつも同じようなメンバーで、ホームで戦っていても戦っていることにはならない**と思っていて。あえてアウェーに身を置いて、なんか居心地悪いなという中で、いろいろなことがまた吸収できると思うんです。実は、私は今でもどちらかというと、非常に内向的な人間なので（笑）

倉重　実は（笑）

田代　だからあまりその初めての場所って、本当は行きたくないし、行かずに済むんだったら、行かないかもしれない。けれども、**それだと、もう家にこもっちゃって、新しい出会いもないし、新しい発想も生まれてこない**んで、あえてそういうところに行って、なるべくいろいろな人と話すようにして、色々なものを吸収したり、刺激を受けたりするように心掛けています。

倉重　家庭と、会社と、学生時代までの友人とか地元の友人、これだけの付き合いをしていると、やっぱりそれ以上にはつながりは広がらないですよね。

田代　そうですね。仕事の面でも、多分、そういう狭い世界でしか生きていない、狭い世界に住んでいるようですと新しいアイデアも生まれてこないですね。

例えば人事の企画だったとしても、今までやったことの焼き直しでは、時代にも取り残されるようなことになると思うんで、外からの刺激や活きた情報というのは、とても大事じゃないかなと思います。

倉重　そうなってきたときに、**一番良くないのは、選択肢がないということ**ですよね。つまり会社を辞めて、転職でもその独立でも良いんですけれども、常に自分はやっていけるぞという思いがある人というのは、よく「**ポケットに辞表を入れて仕事をする**」なんて言いますけれども、そういう人というのは、やっぱり思うようにやれる、思ったとおり仕事ができるから、どんな仕事をしていても強いですよね。

田代　そうですね。選択肢を持つのは大事ですね。

倉重　一方で、田代さんの場合は、実際に独立されて、でも前の会社、退職した会社とも、いまだに関わり続けているとか。ある意味、社外の人事部長みたいなお仕事をされていると思うんですけれども、これというのは、どういう存在なんですか？　いわゆる外部の顧問契約をしている社労士とは違うわけですよね。

田代　そうですね。その顧問契約で契約内容に限定されたお付き合いじゃなくて、もう少し広いお付き合いで、彼らが悩んでいることとかを、よく話を聞いて、こうしたら良いんじゃないかということで、ざっくばらんに話しながら彼らに伴走するという風な役割を担っているかなと。

倉重　例えば今現在、その前職の会社で人事部長の方、人事課長の方がいらっしゃるけれども、やっぱり不安になったり、相談したかったり、でもわざわざ外部のコンサルの方に言うまでもなく、ちょっと聞いてほしいみたいなことがありますよね。

田代　そうです。まさにそういう相談というか、そういう関わり方が一番多いですね。本当に「ちょっと、他の人には聞けないんだけれども」みたいに。

倉重　「こういうの、どう思う？」ということですね。

田代　「どう思う？」ということとか、本当にいろいろありますね。多分、内部の人にも相談できないんじゃないかと思っていて。

倉重　逆に内部には言いづらいこともありますよね。

田代　社内にもね。当然、外の人にも、全く外にも相談できない。だからさっき言った、価値は内部のことがよく分かっている外部の人間ということなんです。

倉重　まさに揺るぎない田代さんのポジションがありま

すね。
田代　はい。それは、今は前職の会社が、一番そういう形でお付き合いをしていますけれども、古い顧問先だと、独立当初から10年以上お付き合いしていて担当者も変わっていないところですと、それに近い形ではお付き合いしているかなと思います。
倉重　**変化の激しい時代だからこそ、逆に変わらないポジション**ですよね。社内の人は、ポジションがどんどん変わっていくけれども、田代さんという存在は常にそこにいるわけで。それが会社にとってもメリットになるということですね？
田代　そうですね。
倉重　でも、雇用契約じゃ田代さんを雇えないわけですから、雇用契約と言われたら、嫌だと言いますよね？
田代　今さらね（笑）
倉重　副業禁止とか言われたら、嫌ですよね。
田代　そうですね。
倉重　それは、いろいろな複数の収入源があるからこそ、また自分としても自由を感じられるし、かつ良いものを、それが他の事例も知っているからこそ、また良いサービスも提供できるということですよね。
田代　はい。だから独立当初ではなく、もう10何年たった私というのは外からもいろいろ吸収していますから、それを中に還元するということもできますので、そういう価値もあります。過去のものをこうだったと、これはこういうことで、今はこうなっているんだという、過去のことも説明できるし、それだけでなく、外の状況も説明できるというのが強みです。
倉重　単に生き字引で、「昔はこうだった」と言うだけじゃなくて、今は、最新、世の中のトレンドはこうですよと、そういう話まで含めた専門家として、社労士としての当然専門知識もあるしと。そういう意味では、どんどん個人、フリーランスとしてスキルアップしているということですよね。
田代　**スキルアップを常に心がけています**。前職の会社は、人事部でもいろいろな採用、教育、人事企画、それから手続き、いろいろな仕事があるので、ある特定の分野だけの専門家じゃなくて、このいろいろな仕事の総合的な専門家にならざるを得ない、広く深くというのを求められているので、それを維持するためには、経験も積まなきゃいけないし、勉強もしなきゃいけないわけで、それなりに成長はしてきているかなという風に思います。
倉重　でも、この独立というのは、じゃあ私も弁護士ですし、田代さんも社労士ですけれども、そういう資格がないとできないんじゃないですかとか、そういうご意見もあると思いますけれども、どうですか、誰でも独立はできますかね？
田代　そうですね。資格があった方が、この資格を持っているから、これくらいの能力のある人だなという、そういうブランディングにはなりますけれども、なくても独立できると私は思っています。自分が会社で培ってきた、その専門分野のものを生かした形の独立、それは不可能ではないかなと。まあ資格はあったほうが、アピールするのにより分かりやすいということはあります。

倉重　資格があることによって、スキルの見える化はできますよね。あとは田代さんの著書の中でも、『人事・総務・経理マンの年収を3倍にする独立術』、では、単に誰でも独立できるよと、立ち位置を変えるだけだということをおっしゃっていますけれども。

田代　立ち位置が変わるだけです。突き詰めると、**雇用契約から業務委託契約に変えるだけ**だと思っていて、雇用契約で守られている反面、その指揮命令下で、会社の価値観で働くのが良いのか、あるいは、業務委託になりますと、独立した個人とした働きになりますから、自分の価値観である程度会社と対等に仕事ができるのが良いのか。そこをどう判断し、選択するかだと思います。

倉重　実際に独立して、年収が3倍になったわけですか（笑）。

田代　ちょっとこれはあおっています（笑）。少しは増えていますが……。

倉重　そういう意味では、**ほんの少しの勇気と覚悟を持て**という風におっしゃっていますけれども、田代さんの場合の、勇気と覚悟とはどういうものです？

田代　勇気ね。いろいろ強気なことも言ってきましたけれども、内心やっぱり不安なこともあります。

倉重　不安も当然ありますよね。

田代　はい。子どももその当時は中学生でしたから、まだこれからというときでしたし、家内も専業主婦なんで、私がもう収入がなくなると、もうたちどころに家庭崩壊になっちゃうんですけれども。

倉重　ご家族も相当反対もされたんじゃないですか。

田代　そうですね。大企業のサラリーマンの道を自ら外れるということで、理解に苦しむと、家内はかなり抵抗しました。

倉重　どうやって説得したんですか？

田代　それは、正面からいつも言い続けることです。年商いくらぐらいを見込んでいるとか、数字で示したりして、ずっと説得をしていました。

倉重　銀行融資を受けるときみたいですね（笑）。

田代　はい。で、もう嫁の方が折れまして。

倉重　それは単に金銭的に大丈夫かどうかだけじゃなくて、やっぱり自分の人生をこうしたいんだと、そういう思いをずっと伝えていったということですね。

田代　そうですね。それは正直、その計画みたいなのを立てましたけれども、それよりもやっぱり思いを伝えたという方が良かったのかなと思います。

倉重　小手先でどう説得するかじゃなくて。
田代　そうですね。自分自身も、さっき言ったようにたくさん居心地の悪いところにも行ったりして、この人事コンサル業界とか、社労士業界とかもいろいろ見てきて、まあいけそうかなというのは思ったんです。最後は、「あ、これだったらいけるな」と根拠のない自信ですかね。
倉重　何を見てそう思ったのかにもよりますけれども（笑）。
田代　勇気と覚悟という話ですが、いわゆるマーケットリサーチ的なアウェーの場所に行ったりとか、勉強もたくさんしたりとか、いろいろなことを準備してきても、最後は飛び込めない人もいるわけです。**ルビコン川を渡らない人もいるし、渡る人もいる**。もう本当に、そのほんの少しの勇気を持って、そこを渡ると見えてくる景色があります。
　そうすると、その渡った先には、違う景色が見えるというのは、ひょっとしたら渡ったから言えるのかもしれなくて、なかなか勇気を持てとか、覚悟を持てとか言っていますけれども、実際はそこに行ったことがないと分からない部分もあるので、ちょっと難しい。どう説明して良いかは、正直、なかなか難しいですね。
倉重　常に渡ることが正解というわけでもないと思いますし、でも渡らないのが、要するに、正社員で居続けるのが正解というわけでもないんですけれども、少なくとも、この働くという価値観が多様化している中ではそういう選択肢を持つというのが、おそらく会社にとってもそうだし、労働者個人にとっても自分の身を守ることにもなるんだろうなと思います。
　やっぱりお金をもらっている以上は、みんながみんなプロフェッショナルであり、サラリーマンであっても、誰でもフリーランス的要素というのは持っているわけです。
田代　そうですね。あと、**サラリーマンとフリーランスの間に流れる川は渡ったら渡りっ放しではなくて、また戻ってくるという選択肢もある**わけだから。
　別に渡りっ放しじゃなくて、またそれが、その世界が嫌だと思えば、会社員にまだ戻ってくる選択肢もあると思うんです。ですから、1回渡ってもいいんじゃないかと思いますけれどもね。
倉重　そうですね。やっぱりその**行き来が自由にできるような流動性が高い社会**というのは、もっとなんか自由で良いなと思いますね。
田代　そうですね。**雇用なのか、業務委託なのかというのは、それほどもう重要じゃない**んじゃないかという気もしています。
倉重　はっきり言って、多分、契約の形式の違いだけだと、金のもらい方が違うだけだと、そのぐらいまで割り切れると良いですよね。

田代　そうですね。どんどん境目はなくなってくるんじゃないですかね。

倉重　ということで最後に今日のまとめをおっしゃっていただければと思います。

田代　そうですね。この私の今の働き方というのは、おまえだからできたんじゃないか。おまえの前職の会社だからできたんじゃないかという、あまり再現性がないという指摘を受けたりするんですけれども、「本当にそうなんだろうか？」と思います。最初から無理だとか、働くほうも、会社のほうも、思っているところがあるんじゃないかなと。

もう一度、原点に立ち戻って考えてみると、メリットも結構あるわけで、**辞めた人間を業務委託としてその社外人事部長として抱えるというメリットは結構ある。**今までお話ししてきたとおり、そういうところもあるわけなので、もうちょっと柔軟に考えてもらって**業務委託という選択肢が広がっていって、会社も個人もハッピーになるような事例が一つでも増えたらすごく良いな**というふうに思っています。どんどん機会があれば、発信していきたいなというふうには思っています。

倉重　確かに田代さんの場合は、他に続く人がなかなかいないいんじゃないかと、そういうご指摘があるかもしれないけれども、ただそれは、田代さんが20年早かったと思うんです。時代がようやく今、追い付いてきたんだという話だと思いますんで、多分これから増えてくるんじゃないのかなと考えています。

田代　そうですね。特に大企業のケース、重厚長大型の会社の人たちも、どんどん変わっていってほしいです。

井上一鷹×倉重公太朗

「集中力」と「生産性」を考えよう

井上一鷹●いのうえ・かずたか
ＪＩＮＳ ＪＩＮＳ ＭＥＭＥ事業部 事業統括リーダーThink Lab兼任。大学卒業後、戦略コンサルティングファームのアーサー・Ｄ・リトルにて大手製造業を中心とした事業戦略、技術経営戦略、人事組織戦略の立案に従事後、ジンズに入社。ＪＩＮＳ ＭＥＭＥ Grマネジャー、Think Labプロジェクト兼任。算数オリンピックの成績はアジア4位。近刊書に「集中力 パフォーマンスを300倍にする働き方」（日本能率協会マネジメントセンター）がある。

倉重　今回はＪＩＮＳの井上さんにお越しいただきました。どうもこんにちは。

井上　よろしくお願いいたします。

倉重　では、簡単に自己紹介をお願いいできますか。

井上　はい。眼鏡のＪＩＮＳという会社で、僕がＪＩＮＳ ＭＥＭＥ（ジンズミーム）という、今掛けている眼鏡（**写真**）なんですが、このＪＩＮＳ ＭＥＭＥというものを開発から事業開発を含めてマネジメントをしている人間です。

倉重　ミームは英語で書くと「ＭＥＭＥ」でいいんですか。

井上　そうです。「ＭＥＭＥ」ですね。何ができるかというと、普通の眼鏡に見えて、目の動きとまばたきと姿勢をずっとモニタリングをして、今やっているもので言うと、いわゆる生産性のすごく大事な一部である、**その人自体が今この瞬間どれぐらい集中しているかということを見える化する**、そんな眼鏡を作って、今HR系の働き方改革に向けて、眼鏡で見える化できたこの集中力をどうやって本当に高めていけるかということをＢtoＢのソリューションにしているんです。

倉重　なるほど。そのＭＥＭＥの開発責任者ということですね。

井上　そうです。

倉重　ＭＥＭＥという眼鏡を掛けることによって、眼球の動きとまばたきで生産性を数値化して測定するんですよね。

井上　そうです。まばたきの回数と強さですね。

倉重　強さで。それで集中度合いが数値化されるんですよね。
井上　そうです。
倉重　つまり、集中度合いを見える化しようというデバイスですね。
　集中力が上がれば生産性にもつながることになると思うのですが、昨今では国会でも働き方改革法案が通ったり、世の中でも「働き方改革」という言葉はすっかりお馴染みになりましたよね。そこで言われているのは、残業を削減しよう、特にホワイトカラーについては生産性上げようなんていうのが、よく本当に毎日いろんなところでもニュースでも見ますし、いろんな会社でもやられていますけれども。
井上　ずっと盲目的に言っていますね。
倉重　集中力や生産性の話が出ましたが、**そもそも「生産性って何だ?」**というところですよね。
井上　はい。僕がよく言っているのは、生産性という言葉は、やはりメーカーの製造ラインで使われていた言葉だと思うんです。そうすると、その製造ラインで何のアウトプット、何の製品を作るかって、もともと決まっているると。カローラをつくるって決まっている製造ラインの中でインプットの効率化をするため、人をどれだけ減らせられるかとか、工数をどれだけ減らせられるか。この効率化の概念で使われていたのが生産性という概念なんですよ。
倉重　1時間で車を何台作れるか、そのために工程がいくつあるか、そこに人をどれだけ掛けるかという話ですよね。
井上　そうです。そうすると僕らはホワイトワーカー、いわゆる知的生産をしている人間にとって自分のチームメンバーに対して「君の生産性を上げろ」という言葉を使ったとしたら、それってどういう風に聞こえるかというと、「もうどうせアウトプットはこの辺なんだから、効率化しろよ」って聞こえるはずなんですね。
倉重　はい。
井上　これが百歩譲って正しいとしても5年、10年後、効率的な仕事はAIが食ってくれるので。
倉重　そうですね。
井上　**「効率的な仕事を思考するような語感の言葉を使うのはやめませんか?」**というのが僕の主張なんですね。
倉重　なるほど。
井上　生産性という言葉で誰がモチベーションが上がっているのかというのが、最近すごく問題だなと思うのと、あとどうしてもそれを測ることができない尺度なので。
倉重　そうですね。
井上　**結果として出たその収益と掛けた工数という結果の割り算でしか出していない**ので。それってじゃあどうやって高めるかということが分解し得ないと。なので、集中というのはその一部なんですけれども、それを見える化することに成功し始めたので、なんでじゃあそこからトリガーに少しでも昨日より今日、改善しようと思ったんです。

僕が申し上げたいのは、僕が子どもの時、30年前から**ホワイトワーカーの生産性は先進国で一番下**だとずっと言っているということなんですね。

倉重　そうですね。

井上　だけど、多分、日本人って、さっき言ったその製造ラインとかにいる**ブルーワーカーさんの生産性は世界で一番高い**んですね。これ、何の差かというと、もう大好きな改善という言葉のとおりで。何を言っているかというと、昨日5秒で回していたネジをどうやったら3秒で回せるか、4秒で回せるかという定量的な階段を作ると、日本人は真面目だから勝手に改善活動をしてくれると思うんです。

倉重　なるほど。

井上　一方、ホワイトワーカーでは何が起きるかというと、昨日より今日良かったかどうか。例えば、夕方、上司に「今日、どうだった?」って聞かれても「うん、まあ」みたいな。

倉重　すごく感覚的な話になっちゃいますよね。

井上　そうなんですよ。だからその感覚値をできるだけ何かの物差しにしてあげれば、きっかけがつかめるのではないかと思っていて。

倉重　なるほど。そういう着眼点ですか。

井上　なので、データを基にすると、ものすごくAIを回して「こうやった方が良いよ」というリコメンドエンジンを作りたくなるんですけれども、そうあるべきじゃないと思っていて。物差しがあって、小さな階段が見えたら、僕らは勝手に改善を個人が試みると思うのです。それのきっかけになるようなデバイスが必要だなと思って作っていますね。

倉重　例えば、それは昨日の集中度合いが60%、今日は50%だとしたら、それはどうやって10%上げようかと、そういう話ですよね。

井上　そうです。しかもどの時間帯にちゃんと集中すべきタスクを置くかとかって、すごく具体的な話に落としやすいので。

倉重　やっぱりそうやって数値化、定量化していかないとホワイトカラーの場合、特にそうですけれども、「**お前、生産性を上げろよ」というのは何かすごく精神論になっちゃいます**よね。

井上　正にそうです。

倉重　「お前、頑張れよ」というのと同じということですよね。

井上　そうです。根性論ばっかりなので。

倉重　それでは意味がないと。そのためにも見える化しようというのがこのデバイス、MEMEであるということだと思うんですけれども、その意味で、導入したMEMEは実際にいろんな企業とかサラリーマン個人で導入されていると思うんです。そこで、井上さんの目から見て、実際「あ、こんな駄目なところが分かった」とか、そういう例はありますか。

井上　個人の方で言うと、僕の事例で言うのが一番分かりやすいので。僕で言うと、まず1個目が、僕は自分が夜型だと思っていたんですね。

倉重　ほうほう。

井上　もともとわりと夜寄りの、夜寄りって言うと変な風に聞こえますけれども、コンサルティングファームにいたので、もう夜中まで働いていくのが当然だったのです。

倉重　コンサルの方はみんなそうですもんね。

井上　夜働くのを是としてきてしまったんですけれども、測ってみたら、朝の6~8時の方が全然集中していたんですね。

倉重　そんなに違うんですか。

井上　夜はもうずっと取っています。夜の方も午前3時ぐらいまで取ってみたら、やっぱりもうどんどん落ちているんですよ。そうなるとちゃんと**朝の2時間を取れば夜の4時間ぐらいの価値がもしかしたらある**なと。

倉重　なるほど。倍くらい違うんですね。

井上　そういうのが集中という切り口では見えてきたので。なので、まず朝型にしていく。あともう1つがお昼ご飯ですね。お昼ご飯をドカ食いした日は2時~4時の集中はむちゃくちゃ落ちていると。

倉重　今現在、「絶賛集中力落ち中」ですね。さっき担々麺食べましたもんね（笑）

井上　そうなんです。倉重さんがお薦めの担々麺美味しかったから、もうそろそろだいぶ落ち始める頃かなと。

倉重　なるほど（笑）

そういう風にして「働き方」や「生産性」についてずっと考えてきた井上さんだからこそ、これから世にでる若い人に対して言えることってあるんじゃないかなと思うんですけれどもどうです？

井上　分かりました。若者ということですね。もう、僕自体も別にそんなにまだまだ若者の気分ではいるんですけれども。

倉重　一応、就活生向けということで。

井上　最近、好きで話しているのが、集中ということをテーマにデータ取りをしながら、それを授業にしています。例えば、**実は1日人は4時間しか集中できない**という学説があります。4時間集中して4時間コミュニケーションする。これが理想的なんだと思うんですね。

倉重　働き方としてですね。

井上　はい、僕の考え方ですけれども。**1日4時間だと1カ月で頑張って100時間**ですね。**1年で頑張って**

1000時間なんですよ。で、ライフシフトしている100年時代だとか言われているんで、そういっても頑張れる、**仕事という意味で頑張れる時代って50年**ぐらいだと思うんですよ。多分、25から75ぐらいまで、今の若者は働くでしょう。**そうすると50年、5万時間なんですね。**

倉重　人生トータルで考えてということですね。

井上　意外に思われるかもしれないんですけれども、人生で何かを仕事として頑張れるのは5万時間しかないということを、逆に今考えてほしくて。

倉重　ですね。その5万をどう振り分けるのかという話ですね。

井上　そうです。僕は、多分、あと4万時間ぐらいなんですけれども。

倉重　まあ、そうですね。私も1・5万ぐらい使っていますね。

井上　そうすると、1万時間の法則ってありますよね。一つの事を極めるには1万時間かかるという。**この1万時間の法則を是とすると、5万時間しか僕らは持っていないんで、どんなにうまく調整しても5個しかできないんですね。**

倉重　そうなりますね。人生で5個のことしか極められない訳ですね。

井上　人生で5個しかできないと。**じゃあ今、目の前で選んだ仕事は人生の5分の1をかけても良いものなのか**ということを考えるべきですね。かけられると思うものに集中しないと時間がもったいないです。

倉重　全くその通りですね。今やっていることはなんのためにやるのかを考える。

井上　なので、**頑張って集中しようじゃなくて、本当に集中しなくて良いやつをやめない？**　ということを、そのやめる、集中しないものを決めるというのが人生の選択なので。

倉重　人生は「選択」の連続ですからね。

井上　なので、5万時間という貴重なものをこんなもんに割いてらんねえよと。

倉重　何しようかなって探すというよりか、むしろ不要なものに時間を使うのをやめるということですね。

井上　そうです。本当に、たまに、月に1回ぐらい、今、目の前のものは人生の5分の1をかけて良いんだっけ？と。かけて良いと思えるものに突き進んだ方が良いなと思っていますね。

倉重　良いですね！

井上　本当にそう思います。データ取っていると、やっぱりずっと残るんで。

倉重　確かに。

井上　あ、この時間、超無駄だとか。

倉重　ある！　ありますね！

井上　だんだんやっぱり年を追うごとにそれって後ろの人生が減る分、感じるじゃないですか。だからこそ、それに早く気付いて、その自分の人生を濃くする。大事なものに張るという風にした方が良いんだなと思うんですよ。

倉重　なるほどねぇ。

井上　何か話が逸れてないですか？（笑）

倉重　全然問題ないです！

井上　僕、前に禅のお坊さんに聞いた研究で面白かったのが、35歳になったら急に起きることがあるそうです。何かというと、一番死亡率の高い競技って登山家ですと。登山家って登山中に亡くなったりするじゃないですか。で、だけど35歳を機に急激に死亡するような事故が減るそうなんですね。

倉重　へぇ〜、登山家の中で35歳というラインがあるのですか。

井上　そうなんです。これは、何でかというと、当たり前な話で、**35歳になると人って昨日より今日、自分が体力的に勝っているという錯覚がなくなる**らしいんですよ。絶対昨日より体力的には駄目だと。

倉重　むしろ落ちていると。

井上　そうです。だからもうドラゴンボールの感覚でいなくなるんです。

倉重　常に成長していると。

井上　「俺、行けんじゃね？」という風に思わなくなるらしいんですよ。そうするとどうなるかというと、人は心技体でいうと体の部分がもう伸びなくなるんで、技術の方に振るんですね。そうすると自分の体力とかはマネジメント対象になるんですよ。

倉重　なるほど。

井上　どうやって管理するかという考え方になるんで。で、なので、35歳から急激に人って自分のその体力とか、自分の予定とかリソースをどうやって管理するかということに興味が湧くらしいんですよ。

倉重　確かに！　私ももっと管理しないとなぁ……。いつも食べすぎ・飲みすぎてしまいます。

井上　本当に、絶対、頭打ちしているんで。だけど、まだまだ体力が伸びている、もしくは下がらない時にそのことを知れれば、より進化できるはずです。**25歳ぐらいからそういうことを意識して、そういう管理能力を上げられたら、もっと強くなれる**なと思って。

倉重　それは最強ですね。

井上　それに気付いたのが33歳のときだったんです。

倉重　それ10年前に教えてほしかったということですね。

井上　そうなんですよ。で、そんな難しいことじゃないんですけれども、もっともっと本当に10年後を振り返った時にしっくりくるものに自分の時間を張っていくかと。

倉重　そういうことですよね。

いますね。

井上　それだけを本当に大事にした方が良いなと思って

倉重　例えば新卒の時は、本当に右も左も分かんないと思うし、どんな会社がいいとかも、人気会社のランキングとか大手が良いだとか、いろんな人に流されてというのが当然あるし、むしろ当然だと思うんだけれども、じゃあ、いざ大手企業に入ってみて、希望のところに入ってみて、うまくいけば良いけれども、うまくいかないというか、あんまり自分に合わないなって悩んでいる人も多いですよね。

井上　そうですね。

倉重　でも、それだって**その時間は、「あなたの人生の5分の1をかけるのに適してますか？」**という問いをしたときに、それを別に探すためにどこに、例えばほかに転職するとか、当然、選択肢に入ってきますよね。そんな働き方をね。これから変わっていくという中での見える化、定量化。そして問題を考えて、非常にロジカルな思考をされている井上さんだからこそ言えることですね。

井上　ありがとうございます。

本書は、「東洋経済オンライン」、「労働新聞」、「YAHOO!ニュース個人」連載記事の内容を元に加筆・修正のうえ制作いたしました。

ご協力いただきました関係者の方々に感謝申し上げます。

〈著者紹介〉

倉重　公太朗（くらしげ・こうたろう）

慶應義塾大学経済学部卒業、オリック東京法律事務所、安西法律事務所を経て2018年10月～倉重・近衛・森田法律事務所代表弁護士。第一東京弁護士会労働法制委員会外国法部会副部会長、日本人材マネジメント協会（JSHRM）執行役員、経営者側労働法専門弁護士。労働審判等労働紛争案件対応、団体交渉（組合・労働委員会対応）、労災対応（行政・被災者対応）を得意分野とし、働き方改革のコンサルティング、役員・管理職研修、人事担当者向けセミナー等を多数開催。著書は20作を超えるが、代表著作は「企業労働法実務入門」シリーズ（日本リーダーズ協会）。東洋経済オンラインで「検証！ニッポンの労働」、Yahoo!ニュース個人にて「労働法の正義を考えよう」を連載中。
倉重・近衛・森田法律事務所ホームページアドレス　https://kkmlaw.jp/

雇用改革のファンファーレ
「働き方改革」、その先へ

令和元年７月７日　初版発行

著　者　倉重 公太朗
発行人　藤 澤　直 明
発行所　労働調査会
〒170-0004東京都豊島区北大塚2-4-5
TEL　03-3915-6401
FAX　03-3918-8618
http://www.chosakai.co.jp/

ISBN978-4-86319-709-1 C2032